LTr

NEGOCIAÇÃO COLETIVA E REPRESENTATIVIDADE SINDICAL

JULIO MAXIMIANO SCUDELER NETO

Advogado especialista em Direito do Trabalho e Mestre em Direito das Relações Sociais pela Pontifícia Universidade Católica de São Paulo.
Professor do curso de especialização em Direito do Trabalho (COGEAE/PUC-SP).

NEGOCIAÇÃO COLETIVA E REPRESENTATIVIDADE SINDICAL

EDITORA
LTr®
SÃO PAULO

Dados Internacionais de Catalogação na Publicação (CIP)
(Câmara Brasileira do Livro, SP, Brasil)

Scudeler Neto, Julio Maximiano
Negociação coletiva e representatividade sindical / Julio Maximiano Scudeler Neto. — São Paulo : LTr, 2007.

Bibliografia.
ISBN 978-85-361-0936-7

1. Negociações coletivas 2. Representante sindical I. Título.

06-9622 CDU-34:331.1:331.881

Índices para catálogo sistemático:

1. Negociação coletiva e representatividade sindical : Direito do trabalho 34:331.1:331.881
2. Representatividade sindical e negociação coletiva : Direito do trabalho 34:331.1:331.881

(Cód. 3378.6)

LTr®
EDITORA LTDA.
Rua Apa, 165 — CEP 01201-904 — Fone (11) 3826-2788 — Fax (11) 3826-9180
São Paulo, SP — Brasil — www.ltr.com.br

Maio, 2007

SUMÁRIO

APRESENTAÇÃO

O século XX foi marcado por duas grandes guerras, enormes avanços tecnológicos, rapidez de comunicações e de transportes, múltiplos regimes políticos, democráticos ou autoritários, influenciados por diferentes doutrinas políticas como o liberalismo, o comunismo, o corporativismo, o socialismo, o neocorporativismo e o neoliberalismo, emergência de instituições internacionais, como a ONU, e de grupos regionais, como a União Européia e o Mercosul.

A mistura de todos estes fatores levou a uma modificação significativa na economia, que ultrapassou as fronteiras dos países, passando a ser uma economia de âmbito mundial, uma economia global. Surge, então, o fenômeno chamado de globalização, marcado pela atuação de empresas multinacionais, pelo desenvolvimento do comércio internacional, pela migração de capitais e pelos avanços tecnológicos.

Agora no século XXI é de se prever que a tendência à globalização venha a se acentuar cada vez mais. Nos dias de hoje, ser contrário à globalização significa oposição a uma tendência irreversível.

Os impactos da globalização no Direito do Trabalho são inegáveis, tendo em vista que este modelo econômico não se compadece, de modo algum, com uma estrutura rígida de proteção trabalhista. As transformações decorrentes do avanço da tecnologia, a internacionalização dos mercados, a competitividade entre as empresas, a necessidade de redução dos custos com o trabalho e as modificações do papel do Estado na ordem econômica e social criaram condições para uma reação contra a rigidez do sistema legislado de proteção ao trabalhador e contra a inderrogabilidade das normas trabalhistas e para a conseqüente adoção de uma política de flexibilização do Direito do Trabalho.

Inegável, pois, que a flexibilização abre uma fenda no princípio da inderrogabilidade das normas de ordem pública. No entanto, a flexibilização não significa, e nem pode significar, a extinção do princípio de proteção ao trabalhador. Assim, a flexibilização dos direitos trabalhistas apenas modifica a forma de se compreender e de se aplicar os conceitos fundamentais de proteção ao trabalhador. Com a flexibilização o sistema de proteção se inverte: de um modelo no qual a base é composta por normas de ordem pública e apenas supletivamente é completado por normas negociadas, para um modelo no qual apenas os direitos fundamentais do trabalhador seguem garantidos pelas normas inderrogáveis, sendo que todas as demais normas de proteção são fruto da negociação coletiva, ou seja, a proteção decorre da tutela sindical, prestigiando-se a pluralidade das fontes do Direito do Trabalho.

No entanto, para que a negociação coletiva possa ser eficaz como instrumento de flexibilização do Direito do Trabalho e de proteção aos trabalhadores, são necessárias certas condições de ordem jurídica e estrutural. Em primeiro lugar, é fundamental a existência de bases democráticas sólidas e de um marco jurídico que assegure a independência e a participação efetiva dos interlocutores sociais, o que somente é possível a partir da adoção de um sistema de plena liberdade sindical, nos termos da Convenção n. 87 da Organização Internacional do Trabalho.

A não ratificação pelo Brasil da Convenção n. 87 da OIT e o modelo sindical brasileiro, que ainda mantém resquícios do corporativismo, dificultam uma efetiva representatividade dos sindicatos e, conseqüentemente, afetam os processos de negociação coletiva.

Assim, evidente que, diante dos novos paradigmas da economia de mercado que afetam o mundo do trabalho, o estudo da negociação coletiva de trabalho no Brasil e, conseqüentemente, do modelo de organização sindical adotado pela Constituição Federal de 1988 é de extrema importância.

Esta é a proposta da obra "Negociação Coletiva e Representatividade Sindical", do Professor e Mestre *Julio Maximiano Scudeler Neto*.

Trata o livro de tema atual e de relevância inegável, uma vez que, após fazer uma abordagem profunda sobre a negociação coletiva, analisando seu conceito, sua classificação, seus limites, os instrumentos coletivos e os reflexos dos mesmos nos contratos individuais de trabalho, analisa o papel das entidades sindicais no cenário das relações coletivas de trabalho e o atual modelo de organização sindical brasileiro.

Em seguida, a obra faz uma importante diferenciação entre representação e representatividade sindical ressaltando, de forma bastante clara, que a negociação coletiva somente poderá ser considerada como um instrumento eficaz de transformação e flexibilização do Direito do Trabalho, sem desproteger os trabalhadores, se, além de exercerem a representação que lhes foi assegurada pela Constituição Federal de 1988, os sindicatos forem realmente representativos dos interesses e das reais aspirações dos trabalhadores.

Concluindo o estudo, o autor faz uma análise da globalização econômica, da flexibilização das normas trabalhistas, da reforma sindical e do futuro do sindicalismo, ou seja, dos novos paradigmas do Direito do Trabalho.

Como se vê, trata-se de obra completa sobre o tema, trazendo inclusive uma extensa bibliografia para orientar o leitor e que tem a vantagem de ter sido escrita por quem, além de um pesquisador cuidadoso, exerce a advocacia de forma bastante intensa, tendo larga experiência em negociações coletivas.

Conheço *Julio Maximiano Scudeler Neto* há vários anos, pois fui sua professora no Curso de Especialização em Direito do Trabalho da Pontifícia Universidade Católica do São Paulo e tive a honra de ser sua orientadora neste seu trabalho de mestrado em Direito do Trabalho, realizado na mesma Universidade.

Em todos estes anos em que tenho me dedicado à carreira docente tenho tido contato com diversos alunos e, felizmente, alguns deles, como *Julio Maximiano Scudeler Neto,* se interessam em pesquisar, em discutir e aprofundar seus conhecimentos sobre temas tão relevantes do Direito do Trabalho.

Profissional sério, competente e extremamente preocupado em desenvolver um trabalho de qualidade e que pudesse contribuir com o desenvolvimento dos estudos sobre o tema, *Julio Maximiano Scudeler Neto* atingiu brilhantemente seu objetivo.

Este livro que a LTr ora nos oferece é resultado da dissertação de mestrado defendida pelo autor perante a banca examinadora da Pontifícia Universidade Católica de São Paulo que tive a honra de presidir, tendo o mesmo obtido nota máxima. Trata-se de obra que agora vem somar-se à bibliografia de qualidade em Direito do Trabalho e que certamente auxiliará a todos os profissionais preocupados com o destino das relações entre empregados e empregadores.

Carla Teresa Martins Romar

Professora Doutora de Direito do Trabalho da PUC-SP.

INTRODUÇÃO

O Direito do Trabalho é uma disciplina extremamente vasta e instigante como fonte de pesquisa acadêmica, interessando-nos mais precisamente no presente estudo a sua função reguladora das relações coletivas de trabalho, com toda a relevância da evolução histórica do movimento sindical, que diz respeito à própria necessidade natural de associação dos trabalhadores como forma de proteção de seus interesses comuns, aos conflitos decorrentes da relação entre o capital e o trabalho e às suas variadas formas de solução, sendo que a eficácia desses métodos de composição está muitas vezes diretamente relacionada com os sistemas de organização sindical adotados pelos países e com a forma de atuação do Estado, intervencionista ou democrática.

Inegável, portanto, a importância do Direito Coletivo do Trabalho que, no entanto, vem sendo pressionado por novos referenciais advindos da globalização econômica, da acirrada competitividade entre as empresas que leva à necessidade de redução de custos, inclusive de mão-de-obra, da descentralização das unidades produtivas, da utilização de novas tecnologias nos meios de produção e da crise do emprego e dos próprios sindicatos.

Discute-se, em razão disso, a necessidade de modernização e de reestruturação das relações de trabalho, seja no âmbito individual, seja no coletivo, nascendo, assim, o atual debate sobre o futuro do Direito do Trabalho.

As discussões giram em torno da busca de formas de regulação mais democrática das relações coletivas de trabalho, ampliando-se a autonomia privada coletiva, com os atores sociais gozando de credibilidade num processo de diálogo para buscar o equilíbrio entre o capital e o trabalho. Temos, pois, a negociação coletiva como um dos meios de composição de conflitos coletivos do trabalho e de regulação dessas relações de forma compromissada, legítima e ajustada à realidade de trabalhadores e empregadores.

As entidades sindicais, como interlocutores sociais, estão enfrentando as dificuldades de renovação das suas lutas e atuações clássicas, tendo em vista esse processo de modernização econômica, de descentralização dos processos produtivos e de desmobilização da classe profissional em torno de interesses cada vez menos comuns.

Os elementos que compõem as relações coletivas do trabalho direcionam a atenção sobre a negociação coletiva de trabalho e o sindicato como autêntico representante dos trabalhadores e empregadores nesse processo de diálogo social, sendo este o objeto de nosso estudo. Não temos, contudo, a mínima pretensão de propor soluções aos questionamentos que emergem do tema, mesmo porque ao longo do trabalho nos deparamos com uma complexidade de fatores e de perspectivas de análise. Esperamos apenas trazer alguma contribuição para as reflexões acerca do futuro do Direito do Trabalho e das relações coletivas de trabalho.

Nesse sentido, ao analisar os conflitos coletivos do trabalho e as suas formas de solução, apontamos a negociação coletiva como o mais importante e legítimo meio compositivo exercitado pelos próprios atores sociais e passamos a examiná-la mais detalhadamente, desde a sua conceituação doutrinária até o processo de geração de normas autônomas, fontes formais do direito e suas limitações.

Na seqüência da obra cuidamos da estrutura sindical brasileira, analisando o seu histórico corporativista e intervencionista, que até os dias atuais traz inúmeras conseqüências às relações de trabalho.

Nesse diapasão, direcionamos a nossa atenção para a representação sindical com o advento da Constituição Federal de 1988, fazendo um estudo sobre o sistema legal de representação exercida pelo sindicato, único e exclusivo, como sujeito coletivo de participação obrigatória na negociação coletiva, representando toda uma categoria profissional ou econômica. Nesse capítulo abordamos a liberdade sindical em nosso ordenamento jurídico frente ao modelo consagrado pela Organização Internacional do Trabalho.

Em capítulo próprio nos dedicamos ao estudo dos novos paradigmas que afetam as modernas relações coletivas de trabalho, como a globalização econômica, a flexibilização das normas trabalhistas e a mais nova ordem do dia, o projeto de lei de reforma da legislação sindical brasileira em apreciação no Congresso Nacional.

Constatamos ao longo da obra que não restam dúvidas sobre a necessidade de grandes ajustes no sistema de relações coletivas no país, sendo que o primeiro passo deverá ser dado pelos próprios atores sociais em vencer a suas resistências às novas idéias e aos modelos de organização sindical efetivamente democráticos, abrindo mão de privilégios adquiridos à custa do corporativismo, para amoldar-se à realidade vigente.

Assim, feitas essas notas introdutórias, passaremos ao estudo do tema proposto, como um instrumento de autoreflexão e com o objetivo de colaborar de alguma forma com a discussão acadêmica sobre os seus diversos aspectos.

1. NEGOCIAÇÃO COLETIVA

1.1. CONFLITOS COLETIVOS

Originado do latim *conflictus*, o vocábulo conflito aplicado no âmbito jurídico indica embate, oposição, encontro, pendência, pleito, no sentido de choque de idéias ou de interesses, formando-se a divergência entre fatos, pessoas ou coisas.(1)

Igualmente utilizado para designar conflito são os vocábulos controvérsia ou dissídio.

Terminologicamente alguns doutrinadores fazem distinções num sentido amplo entre conflito e controvérsia. Assim, conflito corresponde à divergência de interesse, sendo que a controvérsia refere-se a um conflito em fase de ser solucionado.(2)

Contudo, independentemente dessa diferenciação puramente conceitual, de fato o conflito ou a controvérsia entre empregado e empregador ocorre quando há a sobreposição de interesses ou quando estes são contrários. Pode ocorrer ainda esse choque de interesses quando mais de uma pessoa procura usufruir o mesmo bem.(3)

Muito embora os interesses sejam a ligação entre o homem e os bens, estes mesmos interesses também podem ser a causa dos conflitos entre os homens.

As controvérsias ou posições antagônicas entre empregados e empregadores traduzem-se nos conflitos trabalhistas, que decorrem de uma série de circunstâncias variáveis, influenciando direta e indiretamente a relação entre as partes. A título de ilustração, essas circunstâncias podem ser de ordem fática, econômica, social, jurídicas, política, filosófica ou outras.

---

(1) DE PLÁCIDO E SILVA. *Vocabulário jurídico*, p. 508.

(2) BRITO FILHO, José Cláudio Monteiro de. *Direito sindical*, p. 259.

(3) Idem.

Observa *Amauri Mascaro Nascimento* que "o conflito não é apenas a insatisfação com as condições de trabalho, mas também a exteriorização dessa insatisfação, expressada como ruptura com o modelo jurídico, pondo em crise a relação de trabalho".(4)

Dependendo dos interesses em conflito, essa exteriorização da insatisfação com as condições do trabalho pode variar de intensidade, ou seja, em menor ou maior grau.

Na medida em que o conflito de interesses demonstra a não conformidade das partes com uma determinada situação e a busca por reformulá-la, esse dinamismo da controvérsia e da respectiva solução ocupa um importante papel dentro do Direito do Trabalho, de aprimoramento das normas heterônomas diante da realidade e de criação de normas autônomas pelas partes.

No âmbito das relações entre empregados e empregadores, os conflitos de interesses podem ser classificados como individuais ou coletivos. Entende-se por conflitos individuais os decorrentes do contrato individual do trabalho entre empregados e empregadores. Contrariamente, os conflitos coletivos alcançam um grupo de trabalhadores e um ou mais empregadores, dizendo respeito a interesses gerais do grupo, independentemente de surgirem discussões acerca dos contratos individuais de trabalho.

Especificamente quanto aos conflitos coletivos do trabalho, retomando a discussão sobre a terminologia mais adequada a descrever essas controvérsias entre empregados e empregadores, temos, pois, a denominação *controvérsias coletivas* e *conflitos coletivos*, adotada por uns e outros doutrinadores.

Demonstramos a nossa preferência pela denominação *conflitos coletivos*, conforme os ensinamentos de *Pedro Paulo Teixeira Manus,*(5) eis que isenta de incorreção e amplamente utilizada pelos meios acadêmicos e sindicais.

José Cláudio Monteiro de Brito Filho conceitua conflitos coletivos como "os que envolvem interesses coletivos em sentido amplo, neles compreendidos os interesses difusos, os coletivos e os individuais homogêneos".(6)

(4) *Compêndio de direito sindical*, p. 252.

(5) *Negociação coletiva e contrato individual do trabalho*, p. 19.

(6) *Direito sindical*, p. 261.

Para o autor, após a edição da Lei n. 8.078/90 (Código de Defesa do Consumidor), consideram-se interesses coletivos não apenas os interesses metaindividuais, mas também os individuais homogêneos. Os conflitos individuais plúrimos confundem-se com os interesses individuais homogêneos e, dessa forma, pertencem ao grupo dos interesses coletivos.

Assim, os conflitos coletivos abrangem tanto os interesses metaindividuais indivisíveis (difusos e coletivos), quanto os decorrentes de origem comum (individuais homogêneos).

No interesse difuso os titulares são indetermináveis, enquanto que no coletivo, embora indeterminados, são determináveis. Quanto à ligação entre os titulares, no direito difuso esta ocorre por circunstâncias fáticas, já no direito coletivo tem por base uma relação jurídica.

Portanto, em relação ao conflito coletivo, como visto, este abrange interesses gerais (difusos, coletivos e individuais homogêneos) de um grupo de trabalhadores e de um ou mais empregadores. E para que seja um grupo, dentro do conceito de coletividade, é necessário que haja um vínculo intersubjetivo entre esses indivíduos, ou seja, o interesse coletivo na designação do Direito do Trabalho.

Amauri Mascaro Nascimento ressalta que "os conflitos são coletivos quando, em razão dos seus sujeitos, os grupos de trabalhadores, abstratamente considerados de um lado, e o grupo de empregadores, de outro lado, objetivarem matéria de ordem geral".(7)

Por interesse coletivo não há que se entender como a somatória dos interesses individuais, mais a síntese indivisível dos interesses dos membros do grupo.(8)

De fato, essa noção de interesse coletivo constante do art. 81 do Código de Defesa do Consumidor é decorrente do direito coletivo do trabalho, conforme observa *Pedro Paulo Teixeira Manus*, "porque se trata de interesses que transcendem o indivíduo, cujo titular é o grupo, a classe de pessoas, ou a categoria, como tecnicamente denominamos, à luz do art. 511 da CLT".(9)

---

(7) *Compêndio de direito sindical*, p. 253.

(8) MANUS, Pedro Paulo Teixeira. *Negociação coletiva e contrato individual do trabalho*, p. 23.

(9) *Op. cit.*, p. 24.

Considerando os conflitos em relação à finalidade normativa pretendida, estes podem ser classificados em econômicos ou jurídicos.

Os conflitos econômicos ou de interesse são decorrentes de reivindicações de melhores condições de trabalho, buscando criar, modificar ou extinguir direitos. Nessas hipóteses, não há necessariamente lesão ao direito, mas apenas interesses antagônicos.

Já nos conflitos jurídicos ou de direito a controvérsia reside na aplicação ou interpretação de norma preexistente, nos quais a conduta de uma das partes é lesiva ao ordenamento.

Dessa forma, nos conflitos econômicos a finalidade é criação de direito novo e nos jurídicos é a execução do direito.

Independentemente da classificação e denominação adotada, os conflitos fazem parte da vida em sociedade, não tendo como eliminá-los totalmente, razão pela qual assumem papéis de extrema relevância as técnicas e formas destinadas a solucioná-los. Inserida nesse contexto das relações sociais encontram-se os conflitos do mundo do trabalho, notadamente os de natureza coletiva, cujas formas de solução abordaremos no próximo tópico.

1.1.1. Formas de solução de conflitos coletivos do trabalho

Não há um consenso entre os doutrinadores a respeito da classificação das formas de solução de conflitos coletivos do trabalho.

Octávio Bueno Magano(10) adota como formas de solução de conflitos coletivos: a tutela, a autocomposição e a autodefesa. A tutela é a atuação do Estado através do seu poder jurisdicional. A autocomposição corresponde à conciliação, mediação ou arbitragem. Por sua vez, a autodefesa corresponde a uma forma de pressão para solução de conflitos coletivos de trabalho, como por exemplo a greve e o *lock-out*.

Amauri Mascaro Nascimento(11) classifica as formas de solução de conflitos em autocompositiva e heterocompositiva. A forma autocompositiva é exercitada principalmente pela negociação coletiva para os conflitos coletivos e pelo acordo ou pela conciliação para os conflitos individuais, acompanhados ou não de mediação (partici-

(10) *Direito coletivo do trabalho*, p. 213-214.
(11) *Compêndio de direito sindical*, p. 255-256.

pação de terceiro com a incumbência de ajudar a solucionar o conflito, mas sem o poder de decisão). Já a forma de solução de conflito heterocompositiva corresponde à arbitragem e à jurisdição do Estado.

Portanto, o processo ou meio autocompositivo caracteriza-se pela solução do conflito coletivo diretamente pelas próprias partes. O meio heterocompositivo configura-se quando um terceiro, uma fonte suprapartes ou um órgão com poder de decisão, soluciona o conflito coletivo

Para *Mauricio Godinho Delgado*, que utiliza a classificação dos meios de solução de conflitos em autotutela, autocomposição e heterocomposição, o que diferencia esses grupos são os sujeitos envolvidos e a sistemática operacional do processo.

Segundo o autor, na autotutela e na autocomposição "apenas os sujeitos originais em confronto é que tendem a se relacionar na busca da extinção do conflito, o que dá origem a uma sistemática de análise e solução da controvérsia autogerida pela próprias partes", já na heterocomposição há "a intervenção de um agente exterior aos sujeitos originais na dinâmica de solução de conflito".(12)

Adotando a classificação reconhecida pela doutrina, *Pedro Paulo Teixeira Manus*(13) cita como formas de solução de conflitos coletivos a autocomposição, a autodefesa e a heterocomposição.

A forma autocompositiva de entendimento direto das partes para solução do conflito, mediante negociação coletiva, materializa-se no acordo coletivo e na convenção coletiva de trabalho.

Por autotutela ou autodefesa entende-se como um meio pelo qual os empregados pressionam o empregador à negociação, exercitado pela greve, contudo, adverte o autor que "trata-se de forma de solução de conflito coletivo do trabalho no sentido genérico da expressão, pois o exercício em si do direito de greve não significa a própria solução do conflito".(14)

De fato, a solução do conflito coletivo, ainda que forçada pela greve, terá como instrumentalização a forma autocompositiva ou heterocompositiva, não sendo a autotutela a solução propriamente dita do conflito, mas um meio de impulsioná-la.

---

(12) *Curso de direito do trabalho*, p. 1.432.

(13) *Negociação coletiva e contrato individual do trabalho*, p. 30.

(14) MANUS, Pedro Paulo Teixeira. *Op. cit.*, p. 37.

A heterocomposição refere-se à resolução do conflito por um terceiro estranho ao mesmo, sendo exteriorizada pela arbitragem facultativa ou compulsória (processo judicial de dissídio coletivo).

Diante da diversidade de classificação doutrinária a respeito das formas de solução de conflitos coletivos, podemos adotar a seguinte:

a) Autocomposição: as partes originais em conflito buscam solucioná-lo diretamente, por meio da negociação coletiva, instrumentalizada na convenção ou acordo coletivo.

b) Heterocomposição: um terceiro, estranho à relação de conflito original, intervém na sua dinâmica, submetendo à sua análise e solução. É o caso da jurisdição e da arbitragem.

c) Mista ou intermediária: os sujeitos envolvidos na relação conflituosa, com o auxílio de um agente exterior, como facilitador da composição e aproximação dos interesses, buscam a solução do conflito, cuja decisão cabe às próprias partes. É uma forma de solução com características tanto da autocomposição, quanto da heterocomposição, como é o caso da conciliação e da mediação.

d) Atípica: As partes utilizam-se de instrumentos de pressão para conduzir a uma solução do conflito, como é o caso da greve, mas cuja solução se dará na forma autocompositiva ou heterocompositiva.

1.2. NEGOCIAÇÃO COLETIVA DE TRABALHO

A negociação coletiva tem se revelado como um dos principais instrumentos de solução de conflitos coletivos do trabalho, na sua forma autocompositiva, na qual as próprias partes envolvidas atuam no processo de diálogo direto, buscando as melhores alternativas para compor os interesses controversos, de acordo com a sua realidade, estabelecendo normas e condições que regerão as suas relações de trabalho.

Não obstante a importância que possuem as demais formas de solução de conflitos coletivos, mencionadas anteriormente, a negociação coletiva tem o seu papel de destaque.

José Cláudio Monteiro de Brito Filho ressalta bem a importância da negociação coletiva no processo de solução de conflitos coletivos do trabalho ao afirmar que "a negociação é o meio de solução dos conflitos coletivos de trabalho por excelência, devendo ser o ponto de partida de toda a tentativa de pôr fim a um conflito coletivo de trabalho, quer seja ele de natureza econômica, quer seja de natureza jurídica".[15]

Nesse mesmo sentido é o posicionamento de *Maurício Godinho Delgado*, segundo o qual "a negociação coletiva é um dos mais importantes métodos de solução de conflitos existentes na sociedade contemporânea" e que "transcende o próprio Direito do Trabalho".[16]

A participação mais efetiva e atuante dos atores sociais no processo de negociação coletiva no âmbito das relações do trabalho colabora para o desenvolvimento do Direito do Trabalho, mais democrático e prospectivo, prestigiando a autonomia coletiva dos particulares em regular as suas relações sociais.

Os doutrinadores buscam a sua definição de negociação coletiva, cada qual enfatizando um determinado aspecto que julgam mais relevante desse processo de autocomposição.

Pedro Paulo Teixeira Manus observa que a negociação coletiva "destina-se à celebração do instrumento normativo que irá regular os contratos de trabalho de todos os trabalhadores e empregadores submetidos aos limites da representação das partes convenentes ou acordantes".[17]

Assevera *João de Lima Teixeira Filho* que a negociação coletiva "é um processo dinâmico voltado ao atingimento do ponto de equilíbrio entre interesses divergentes visando a satisfazer, transitoriamente, as necessidades presentes do grupo de trabalhadores (categoria profissional) e de equanimizar os custos de produção".[18]

Por sua vez, *José Cláudio Monteiro de Brito Filho* define negociação coletiva como "o processo de entendimento entre empregados e empregadores visando à harmonização de interesses antagônicos com a finalidade de estabelecer normas e condições de trabalho".[19]

---

(15) *Direito sindical*, p. 271.

(16) *Curso de direito do trabalho*, p. 1.360-1.362.

(17) *Negociação coletiva e contrato individual de trabalho*, p. 109.

(18) *Instituições de direito do trabalho*, p. 1.164.

(19) *Op. cit.*, p. 176.

Para *Hugo Gueiros Bernardes* a negociação coletiva "é o modo espontâneo das partes, empregados e empregadores, resolverem as suas disputas relacionadas com a execução do contrato de trabalho, assim como os interesses sindicais nela envolvidos".(20)

Enfatiza *Sérgio Pinto Martins* que a "negociação coletiva é o processo tendente a realizar acordo ou convenção coletiva de trabalho. É, portanto, qualificado pelo resultado. É uma forma de ajuste de interesses entre as partes, que acertaram as diferentes posições existentes, visando a encontrar uma solução capaz de compor suas posições".(21)

Renato Rua de Almeida assevera que "a negociação coletiva, por definição, na conformidade do disposto no art. 2º da Convenção n. 154 da OIT, já ratificada pelo Brasil, busca assegurar os interesses coletivos abstratos dos trabalhadores na consecução de novas condições de trabalho".(22)

Na conceituação de *Alfredo J. Ruprecht*, "negociação coletiva é a que se celebra entre empregadores e trabalhadores ou seus respectivos representantes, de forma individual ou coletiva, com ou sem a intervenção do Estado, para procurar definir condições de trabalho ou regulamentar as relações laborais entre as partes".(23)

Segundo *José Augusto Rodrigues Pinto:*

> "A negociação coletiva deve ser entendida como o complexo de entendimentos entre representações de categorias de trabalhadores e empresas, ou suas representações, para estabelecer condições gerais de trabalho destinadas a regular as relações individuais entre seus integrantes ou solucionar outras questões que estejam perturbando a execução normal dos contratos".(24)

Assim, a negociação coletiva pode ser definida como a forma ou processo espontâneo de entendimento entre empregados e em-

---

(20) *Direito sindical brasileiro*, p. 153.

(21) *Direito do trabalho*, p. 708.

(22) "A pequena empresa e os novos paradigmas do direito do trabalho", *Revista LTr*, 64-10/1253, 2000.

(23) *Relações coletivas do trabalho*, p. 265.

(24) *Direito sindical e coletivo do trabalho*, p. 184.

pregadores, diretamente ou por meio dos seus respectivos representantes, visando a solucionar conflitos de interesses decorrentes desta relação, definir e regulamentar condições de trabalho, bem como regular as relações e interesses envolvendo empregadores e sua organizações sindicais e as organizações ou grupos que representam os trabalhadores.

De acordo com a Convenção n. 154 da OIT, considera-se negociação coletiva:

> "Todas as negociações que ocorram entre um empregador, um grupo de empregadores, ou uma organização, ou várias organizações de empregadores, de um lado, e uma organização ou várias organizações de trabalhadores, de outro lado, com o fim de: fixar as condições de trabalho e emprego; regular as relações entre empregadores e trabalhadores; regular as relações entre empregadores ou suas organizações e uma organização ou várias organizações de trabalhadores, ou atingir todos estes fins de uma só vez".

Trata-se, pois, de um exercício de diálogo direto entre as partes, com o objetivo de chegar a pontos de consenso entre as suas posições e reivindicações iniciais, por meio da transigência e cessões mútuas, de forma a equilibrar as divergências e solucionar o conflito de interesses.

1.2.1. Negociação coletiva, negociação direta, mediação e conciliação

Alguns doutrinadores procuram fazer distinção entre a negociação coletiva e a negociação direta, mais especificamente quando pretendem enfatizar a diferença do processo direto de entendimentos com a forma de composição de conflitos coletivos via mediação.[25]

Nesse sentido, a negociação coletiva seria o gênero do qual a negociação direta e a mediação caracterizariam-se como espécies.

Dispõem os §§ 1º e 2º do art. 114 da Constituição Federal:

> "Art. 144. *(Omissis)*
>
> (...)
>
> § 1º Frustrada a negociação coletiva (grifamos), as partes poderão eleger árbitros.

(25) BRITO FILHO, José Claudio Monteiro de. *Direito sindical*, p. 272.

§ 2º Recusando-se qualquer das partes à negociação coletiva (grifamos) ou à arbitragem, é facultado às mesmas, de comum acordo, ajuizar dissídio coletivo de natureza econômica, podendo a Justiça do Trabalho decidir o conflito, respeitadas as disposições mínimas de proteção ao trabalho, bem como as convencionadas anteriormente."

Assim, a negociação coletiva expressa nos referidos dispositivos constitucionais, num sentido amplo, refere-se tanto a negociação direta, quanto a mediação.

Entretanto, não vemos elementos característicos específicos que possam justificar essa diferenciação entre a negociação coletiva e a negociação direta, podendo ser entendido simplesmente como denominações distintas para o mesmo instituto.

Portanto, trata-se a negociação coletiva ou a negociação direta de um meio autocompositivo em que as partes estabelecem um diálogo diretamente entre si visando à solução do conflito coletivo de trabalho.

Por sua vez, a mediação caracteriza-se como o meio de solução de conflitos coletivos cujo diálogo entre as partes é feito com a intervenção de um terceiro, pessoa ou órgão. Muito embora esse mediador não substitua a vontade das partes, ele coordena os diálogos e apresenta proposta de solução às partes, que poderão aceitá-la ou não.

A mediação pode ser classificada pela doutrina clássica como um meio autocompositivo de solução de conflitos coletivos de trabalho ou, como apresentamos anteriormente, como uma forma mista ou intermediária de solução.

A mediação não é impositiva e não possui a natureza de um decisório, caso contrário será descaracterizada como solução autocompositiva ou mista e poderá vir a ser um típico meio heterecompositivo, como a arbitragem.

Parte da doutrina faz distinção entre mediação e conciliação.

Segundo *Amauri Mascaro Nascimento* "a diferença entre as duas figuras está, menos na sua função e perspectivas de atuação do agente, mais no âmbito em que é exercida. A mediação é um mecanismo basicamente extrajudicial e a conciliação é judicial e extrajudicial".(26)

---

(26) *Compêndio de direito sindical*, p. 251.

Outro aspecto que diferencia a conciliação da mediação, segundo a doutrina, é o fato do terceiro, no papel de conciliador, apenas coordenar os diálogos, sem fazer propostas para solucionar o conflito. Ao passo que na mediação o terceiro também propõe solução.

Embora prevaleça entre os autores o entendimento de que tanto a conciliação, quanto a mediação constituem-se como mecanismos autocompositivos, alguns as classificam como formas heterônomas de solução de conflitos, a exemplo da arbitragem e do dissídio coletivo.(27)

Na classificação apresentada, incluímos também a conciliação no rol das formas mistas ou intermediárias de solução de conflitos coletivos do trabalho, pelas razões já mencionadas.

Já para *José Cláudio Monteiro de Brito Filho,*(28) ainda que doutrinariamente se possa fazer distinção entre esses dois institutos, na prática são um só, pois não há diferenças entre um e outro, sendo idênticos intrinsecamente.

1.2.2. Negociação coletiva, convenção coletiva e dissídio coletivo

Não se confunde negociação coletiva com convenção coletiva, uma vez que aquela corresponde ao meio autocompositivo de solução dos conflitos coletivos e esta é a instrumentalização dessa solução celebrada entre sindicatos profissionais e econômicos.

Também não se confunde negociação coletiva com dissídio coletivo, que ocorre justamente quando qualquer das partes recusando-se à negociação ou à arbitragem, é facultado às mesmas ajuizar dissídio coletivo, de comum acordo, para que a Justiça do Trabalho decida o conflito coletivo do trabalho, com base nas disposições legais mínimas de proteção ao trabalho e as convencionadas anteriormente (art. 114, § 2º da Constituição Federal). Portanto, o ajuizamento de dissídio coletivo compreende um meio heterocompositivo de solução de conflitos coletivos, ou seja, é um conflito submetido à solução jurisdicional.

A propósito do método heterocompositivo jurisdicional, muito se tem discutido na doutrina acerca do poder normativo da Justiça do Trabalho em face da Emenda Constitucional n. 45, de 8 de

(27) PINTO, José Augusto Rodrigues. *Direito sindical e coletivo do trabalho*, p. 257.

(28) *Direito sindical*, p. 274-275.

dezembro de 2004 (DOU 31.12.2004) que alterou a redação do art. 114 da Constituição Federal. Especificamente no que se refere ao processo de dissídio coletivo do trabalho, o § 2º dispunha:

> "Art. 114. *(Omissis)*
>
> (...)
>
> § 2º Recusando-se qualquer das partes à negociação ou à arbitragem, é facultado aos respectivos sindicatos ajuizar dissídio coletivo, podendo a Justiça do Trabalho estabelecer normas e condições de trabalho, respeitadas as disposições convencionais e legais mínimas de proteção ao trabalho."

A nova redação do referido dispositivo constitucional estabelece que:

> "Art. 114. *(Omissis)*
>
> (...)
>
> § 2º Recusando-se qualquer das partes à negociação ou à arbitragem, é facultado às mesmas, de comum acordo, ajuizar dissídio coletivo de natureza econômica, podendo a Justiça do Trabalho decidir o conflito, respeitadas as disposições mínimas legais de proteção ao trabalho, bem como as convencionadas anteriormente."

Observa-se que a instauração do dissídio coletivo agora deve ser realizada de comum acordo pelas partes. Anteriormente, um dos litigantes poderia pleitear a solução do conflito coletivo de trabalho mediante o ajuizamento do dissídio coletivo.

Recentemente a Confederação Nacional das Profissões liberais ajuizou Ação Direta de Inconstitucionalidade (ADI n. 3.392) contra parte do § 2º do art. 114 da CF, por entender que a exigência de consenso entre as partes para ajuizar o dissídio coletivo fere o princípio de livre acesso ao Judiciário.

Contudo, já existem algumas manifestações iniciais por parte da doutrina no sentido de que o mútuo consentimento das partes para provocar a Justiça do Trabalho caracterizaria a atividade jurisdicional como uma espécie de arbitragem judicial voluntária. Nesse sentido, ficaria afastada qualquer discussão referente a possível inconstitucionalidade do referido dispositivo.[29]

---

(29) LOPES, Otávio Brito. "O poder normativo da justiça do trabalho após a emenda constitucional n. 45", *Revista LTr* 69-02/168, 2005.

Num sentido mais amplo, pode-se interpretar que a referida alteração no texto constitucional veio ratificar o processo de negociação coletiva como a mais importante forma de solução de conflitos coletivos do trabalho. Manteve-se a posição privilegiada da negociação coletiva. A busca pela heterocomposição jurisdicional dependerá da frustração da negociação coletiva e, ainda assim, estará condicionada a um novo entendimento entre as partes para o ajuizamento do dissídio coletivo de trabalho.

Em relação ao poder normativo da Justiça do Trabalho, sua permanência, sua extinção ou sua limitação diante da mencionada emenda constitucional, o assunto também é polêmico. Há posicionamentos iniciais doutrinários nos diversos sentidos.

Caberá aos Tribunais do Trabalho, aos juristas, aos doutrinadores e aos operadores do direito laboral imprimir uma interpretação às novas disposições da emenda à Carta Magna, esperando-se que venha com uma visão prospectiva e de procedimentalização do direito.

1.2.3. Fontes formais do Direito do Trabalho

As fontes formais do Direito do Trabalho são de origem estatal e de origem contratual, numa visão pluralista. Por fontes formais entenda-se a forma das normas jurídicas, expressão do direito, contrariamente às fontes materiais, que se referem ao conteúdo das normas jurídicas.

Na definição de *Pedro Paulo Teixeira Manus* as "fontes materiais são os fundamentos sociais do direito, isto é, o conjunto de fatores sociais que contribui para a formação da norma jurídica. Já as fontes formais são os meios pelos quais se expressa o direito. A fonte material diz respeito à origem e ao conteúdo da norma jurídica, a fonte formal refere-se à forma jurídica".[30]

Como fontes formais do Direito emanadas pelo Estado temos a Constituição Federal, lei complementar, lei ordinária, medida provisória e sentença normativa. Já como fontes formais emanadas da vontade das partes temos a convenção coletiva de trabalho, o acordo coletivo de trabalho, regulamento de empresa, o contrato individual de trabalho e os usos e costumes.

---

(30) *Negociação coletiva e contrato individual de trabalho*, p. 72.

Trata-se, pois, de uma classificação das fontes formais do direito tendo como base a corrente doutrinária dualista, que entende não ser o Estado a única fonte do direito, contrariamente à corrente monista.

Desse modo, a negociação coletiva se constitui como um meio de produção de fonte formal do Direito do Trabalho, na medida em que a sua exteriorização é instrumentalizada na convenção e acordo coletivo de trabalho.

A esse propósito, *João de Lima Teixeira Filho* observa que "apesar de a principal fonte de produção do Direito do Trabalho no Brasil ser a lei, a negociação coletiva passa a desempenhar crescente papel de aprimoramento dos institutos contidos na CLT e de criação de condições de trabalho no vácuo da lei".(31)

Observa o autor que muitas normas jurídicas trabalhistas heterônomas tiveram como origem a participação efetiva dos atores sociais em negociação coletiva, o que não deve ser rotulado como uma intervenção estatal na autonomia coletiva dos particulares, mas como uma universalização e propagação das vantagens obtidas nesse processo de autocomposição.

Além do que, no processo de criação de normas justrabalhistas, os diplomas negociais possuem maior agilidade de regular e aprimorar as condições de trabalho, diante dos espaços vazios da legislação.

As fontes formais do direito respeitam uma hierarquia, de forma que as normas inferiores devem submeter-se às disposições contidas nas normas superiores, para que haja uma harmonia no sistema jurídico.

As normas de origem estatal, que fixam direitos e garantias mínimas aos trabalhadores, são imperativas, tendo como base os princípios e normas constitucionais. Por sua vez, as normas de origem contratual não podem dispor de forma menos benéfica aos trabalhadores do que previsto nas fontes hierarquicamente superiores, sendo-lhes reservado o papel de melhorar as condições de trabalho ou adaptar situações legais de ordens práticas.(32)

Há que se ter em mente que o direito do trabalho tem como função equilibrar e minimizar as desigualdades sócio-econômicas entre as partes da relação de emprego, por meio das normas justrabalhistas legais e contratuais.

---

(31) *Instituições de direito do trabalho*, p. 1.171.

(32) MANUS, Pedro Paulo Teixeira. *Op. cit.*, p. 74.

A negociação coletiva, geradora de normas contratuais, submete-se à regra geral de respeito à hierarquia das fontes formais do direito do trabalho, restando-lhe o espaço de ajustamento de condições mais benéficas para os trabalhadores. Não obstante essa restrição ao campo de atuação da autonomia privada coletiva na elaboração das normas coletivas, é inegável o seu papel como instrumento democrático e participativo de criação de fontes formais do direito do trabalho pelas próprias partes.

Tendo em vista o dinamismo em que as relações coletivas de trabalho se desenvolvem e se alteram, a negociação coletiva torna-se uma ferramenta de suma importância para acompanhar e regular pontualmente esses interesses coletivos decorrentes dessa mutabilidade constante numa economia de mercado moderna e global.

1.2.4. Funções

As funções da negociação coletiva podem ser classificadas como: jurídicas, políticas, econômicas e sociais.

As funções jurídicas abrangem a compositiva, normativa e obrigacional. Por sua vez, as funções políticas, econômicas e sociais pertencem às não-jurídicas.

Assim, a função compositiva, uma das principais funções da negociação coletiva, tem por fim a harmonização dos interesses antagônicos dos trabalhadores e dos empregadores, de forma a superar os conflitos entre as partes.

No processo negocial a função compositiva tem um papel fundamental na busca da solução dos conflitos, evitando desgastes decorrentes de outras formas não pacíficas para superá-los e que acabam por acirrar as divergências.

O exercício da forma autocompositiva de solução de conflitos pela negociação coletiva proporciona maior legitimidade e cumprimento do acordado, numa clara demonstração de uma técnica pacífica de solução das divergências.[33]

A função normativa corresponde à criação de normas aplicadas às relações de trabalho. Essa função normativa é de vital importância, pois configura-se com uma das fontes do direito individual do trabalho.

---

(33) NASCIMENTO, Amauri Mascaro. *Compêndio de direito sindical*, p. 308.

José Cláudio Monteiro de Brito Filho(34) considera que a função normativa se sobressai em relação às demais funções da negociação coletiva, tendo em vista que um dos principais objetivos da negociação coletiva é estabelecer normas e condições de trabalho.

A criação de obrigações e direitos entre os sujeitos estipulantes, sem reflexos sobre as relações entre empregadores e empregados, também é função da negociação. Trata-se da fixação de direitos e deveres a serem observados pelos pactuantes, com características obrigacionais somente entre estes.(35)

Em relação às funções não-jurídicas, a política refere-se à estabilização nas relações entre empregados e empregadores, como forma de haver equilíbrio pacífico e harmonização entre capital e trabalho. O equilíbrio do sistema político, sem conflitos sociais é de interesse de toda a sociedade.

A função econômica e a social também dizem respeito ao equilíbrio do sistema social, por meio de distribuição de rendas (possibilidades da empresa e necessidades dos trabalhadores) e de participação dos trabalhadores no processo decisório da empresa (parceria social).

1.2.5. Classificação

A classificação do sistema de relações de trabalho de um país decorre do espaço que as negociações coletivas possuem no seu direito interno. Surgem, dessa forma, os modelos abstencionistas ou desregulamentados e os regulamentados.(36)

Portanto, quanto à regulamentação ou não pelo Estado, temos que a negociação coletiva pode ser desregulamentada ou regulamentada. No primeiro caso, as partes estabelecem as regras, pois não há regulamentação legal ou há apenas um mínimo de regulamentação legal, propiciando a livre negociação com maior autonomia das partes. Na segunda hipótese há uma excessiva regulamentação do Estado, que impõe as regras que devem ser seguidas para a negociação coletiva.

A negociação coletiva também pode ser classificada quanto à liberdade em que as partes podem exercê-la. Nesse caso, a nego-

(34) *Direito sindical*, p. 178.

(35) NASCIMENTO, Amauri Mascaro. *Op. cit.*, p. 308.

(36) NASCIMENTO, Amauri Mascaro. *Compêndio de direito sindical*, p. 268.

ciação pode ser voluntária ou obrigatória, sendo que esta ocorre quando as partes devem necessariamente negociar, mesmo que seja para poder praticar determinado ato ou exercitar um direito. Já aquela ocorre nas hipóteses em que o exercício do direito de negociar depende única e exclusivamente da vontade das partes.[37]

No Brasil as negociações são desregulamentadas ou livres, quanto à regulamentação do Estado, uma vez que não há regras a serem observadas na negociação coletiva.

Quanto à liberdade, segundo afirma *José Claudio Monteiro de Brito Filho,*[38] seriam obrigatórias, visto que para buscar uma solução jurisdicional de um conflito coletivo de interesses, há necessidade de efetivamente haver a negociação e somente depois de frustrada esta, o mesmo ocorrendo com o direito de greve, que somente pode ser exercitado após a frustração da negociação coletiva.

A esse respeito, fazendo um breve parêntese, a Instrução Normativa do TST n. 4, de 8 de junho 1993, estabelecia procedimentos para a instrução do dissídio coletivo de natureza econômica, procedimentos estes que não observados muitas vezes resultavam no encerramento do dissídio coletivo sem julgamento de mérito e, portanto, sem a solução do conflito coletivo. Um dos requisitos era justamente a comprovação da frustração da negociação coletiva. Entretanto, a referida Instrução foi revogada pela Resolução n. 116, de 26 de março de 2003.

Não obstante, pode-se entender que o ingresso do dissídio coletivo buscando a prestação jurisdicional do Estado ainda está condicionado à tentativa de solução do conflito pela negociação coletiva, tendo em vista o disposto no art. 114, §§ 1º e 2º da Constituição Federal, alterado pela Emenda Constitucional n. 45/04, que condicionou o ingresso do dissídio coletivo de trabalho, de natureza econômica, ao mútuo consentimento das partes.

Conforme mencionamos anteriormente em subitem próprio, a exigência de comum acordo das partes para instauração da instância reforça a importância da negociação coletiva para a solução do conflito, uma vez que restringe a possibilidade de ajuizamento do dissídio coletivo isoladamente por uma das partes, sem esgotar essa

---

(37) BRITO FILHO, José Cláudio Monteiro de. *Direito sindical,* p. 180.

(38) *Op. cit.*, mesma página.

via autocompositiva, exceção feita em caso de greve. Pressupõe-se que até para buscar a solução do conflito pela forma heterônoma os atores sociais deverão chegar a esse consenso.

1.2.6. Princípios

A negociação coletiva se desenvolve sob as bases de determinados princípios, os quais são fundamentais para o sucesso da composição dos conflitos coletivos e para o acatamento do acordado pelas partes.

A esse propósito, assevera *João de Lima Teixeira Filho* que esses princípios "são postulados éticos ou normas de conduta das partes que permeiam, de fato, um processo negocial não regrado e a ele imprimem, a cada exercício, valores e conteúdo pedagógico que progressivamente o aperfeiçoam".(39)

Um dos princípios que deve nortear a negociação coletiva é o da boa-fé, que nada mais significa do que as partes agirem com lealdade e sinceridade durante todo o curso desse processo de entendimento.

A esse respeito, observa *Sérgio Pinto Martins* que "a boa-fé é como se deve proceder em qualquer contrato. Em Direito, mormente nos contratos, a boa-fé é um dever que não pode ser mera enunciação programática, mas autêntica obrigação jurídica".(40)

Tal princípio deve estar presente não apenas no processo negocial entre as partes, mas também na instrumentalização da solução do conflito, de forma que não haja ambigüidades premeditadas na sua redação e que esta seja efetivamente o retrato fiel dos termos e condições negociados.(41)

Outro princípio é o dever da informação, através do qual as partes devem dar conhecimento à outra das informações necessárias sobre o assunto em discussão, proporcionando uma negociação com base na realidade das situações e condições.

Decorrente deste princípio é o dever de zelar pela preservação e sigilo das informações obtidas.(42) Muitas vezes, esse princípio decorre da relação de confiança que as partes adquirem uma nas outras, durante as reiteradas negociações coletivas entabuladas.

---

(39) *Instituições de direito do trabalho*, p. 1.165.

(40) *Direito do trabalho*, p. 709.

(41) TEIXEIRA FILHO, João de Lima. *Op. cit.*, p. 1.167.

(42) BRITO FILHO, José Cláudio Monteiro de. *Direito sindical*, p. 182.

Visando a atingir o objetivo da negociação que é o consenso para a solução do conflito, as partes devem negociar dentro de sua realidade, observados os seus limites e suas necessidades. Este é o princípio da razoabilidade. Trata-se de um princípio geral do direito. As partes devem agir com a razão, com o bom senso, tanto no que diz respeito às reivindicações, quanto às propostas ofertadas, de forma a manter o diálogo, com posições flexíveis, visando à busca sensata e ponderada da solução do conflito coletivo.

O princípio do respeito à finalidade da negociação é a busca da solução de um conflito, devendo assim ser exercitado sempre que necessário. Deve prevalecer o interesse coletivo que está em discussão.

Por fim, o princípio da paz social, que se materializa com a instrumentalização da negociação coletiva no acordo ou convenção coletiva de trabalho, é o período de trégua que as partes assumem durante a vigência dos instrumentos coletivos que traduzem os termos e condições em que convergiram para compor as divergências.

Existem outras classificações dos princípios que regem a negociação coletiva adotadas pela doutrina, os quais podem ser incorporados aos mencionados acima, tais como: o contraditório, que significa a harmonização da contradição de pretensões; a cooperação, que corresponde ao trabalho em comum das partes para solução do conflito; a igualdade dos negociadores, ou seja, desenvolver a negociação sem hierarquia e subordinação jurídica entre as partes.(43)

1.2.7. Sujeitos

No Brasil a Constituição Federal/88, art. 8º, VI, estabelece a obrigatoriedade da participação dos sindicatos nas negociações coletivas de trabalho pelos trabalhadores. Por sindicatos entendam-se as entidades sindicais do sistema confederativo.

Além das entidades sindicais representativas da categoria econômica, as empresas possuem também legitimação para atuar como sujeitos da negociação coletiva, de forma isolada ou em grupos. O art. 611, § 1º, da CLT prevê a hipótese de celebração de acordos coletivos de trabalho entre os sindicatos representativos da categoria profissional e uma ou mais empresas, aplicáveis no âmbito da empresa ou das empresas acordantes.

---

(43) PINTO, José Augusto Rodrigues. *Direito sindical e coletivo do trabalho,* p. 189.

A Constituição Federal/88, em seu art. 7º, XXVI, também reconhece a validade dos acordos coletivos celebrados entre empresas e sindicatos profissionais.

Uma pequena parte da corrente doutrinária defende a obrigatoriedade da participação da entidade sindical da categoria econômica para representar os empregadores na negociação coletiva; contudo, não vemos argumentos consistentes nesse sentido, eis que os diplomas legais, mencionados anteriormente, reconhecem a negociação coletiva direta entre sindicatos profissionais e empresas.

A propósito dos empregadores como sujeitos do Direito Coletivo do Trabalho, *Mauricio Godinho Delgado* esclarece que embora sejam essencialmente os sindicatos, os empregadores também podem ocupar essa posição, ainda que ajam isoladamente. Observa o autor que:

> "Tal diferenciação ocorre porque os trabalhadores somente ganham corpo, estrutura e potência de ser coletivo através de suas organizações associativas de caráter profissional, no caso, os sindicatos. Em contraponto a isso, os empregadores, regra geral, já se definem como empresários, organizadores dos meios, instrumentos e métodos de produção, logo, são seres com aptidão natural de produzirem atos coletivos em sua dinâmica regular de existência no mercado econômico e laborativo".(44)

Para *Amauri Mascaro Nascimento* "a legitimação para negociar, figurando como sujeito da contratação coletiva, é das organizações sindicais ou de grupos não formalizados como sindicatos".(45)

No que se refere à participação dos trabalhadores nas negociações coletivas, há que se esclarecer que muito embora o texto constitucional garanta a obrigatoriedade da participação do sindicato nos referidos processos negociais, não há impedimento para que os próprios trabalhadores, de forma direta ou por um grupo ou comissão, conduzam as conversações com o empregador visando à solução de um conflito de interesses ou ao estabelecimento de novas condições de trabalho.(46)

---

(44) *Direito coletivo do trabalho*, p. 60.

(45) *Compêndio de direito sindical,* p. 280.

(46) BRITO FILHO, José Cláudio Monteiro de. *Direito sindical*, p. 186.

É claro que, nesse caso, atingindo-se o objetivo da negociação coletiva que é o consenso dos entendimentos, a formalização do instrumento acordado dependerá da participação da entidade sindical profissional, sem a qual não terá validade legal.

José Augusto Rodrigues Pinto(47) inclui na relação dos sujeitos da negociação coletiva o Estado, especificamente para as tripartites com as representações de trabalhadores e empresários, que objetivam a celebração de pactos sociais trabalhistas, ou ainda na qualidade de coadjutor na intermediação de negociações coletivas por meio dos seus órgãos administrativos (ex.: Delegacia Regional do Trabalho), bem como através de órgãos judiciais (ex.: Justiça do Trabalho), na fase de conciliação do dissídio coletivo.

Em outros países, os sujeitos legitimados para participar da negociação coletiva variam de acordo com o seu ordenamento jurídico.

Na França, Finlândia, Áustria, Suécia, Bélgica, Luxemburgo, Grécia e Portugal, somente as associações sindicais podem ser partes de um contrato coletivo. Mesmo que as comissões de trabalhadores ou os delegados sindicais concluam o instrumento coletivo, este dependerá de homologação sindical para ter validade.(48)

Na Espanha, além dos sindicatos representativos dos trabalhadores, também são sujeitos da negociação coletiva as comissões de empresa, os delegados dos trabalhadores e as seções sindicais, dependendo do âmbito da contratação.(49)

1.2.8. Procedimentos

Como vimos anteriormente, no Brasil não há uma regulamentação do Estado na negociação coletiva, cabendo às partes estabelecer a sua forma de condução.

Mesmo que existam regras mínimas para a sua regulamentação, o que não se admite é que o Estado imponha restrições ao exercício do direito de negociar.

Devem prevalecer os princípios básicos da negociação coletiva, já mencionados, quais sejam: a boa-fé, o dever de informação, a finalidade da negociação e da razoabilidade, entre outros.

(47) *Direito sindical e coletivo do trabalho*, p. 193.
(48) NASCIMENTO, Amauri Mascaro. *Op. cit.*, p. 280.
(49) BRITO FILHO, José Cláudio Monteiro de. *Direito sindical*, p. 185.

Observa *Amauri Mascaro Nascimento* que:

> "A negociação coletiva é uma série sucessiva de atos, de tratos seguidos entre os protagonistas de uma disputa coletiva, para discussão de reivindicações formuladas por uma das partes à outra, desde a preparação, o desenvolvimento e a conclusão, com a formalização de um instrumento de acordo ou o impasse, superável pela mediação, arbitragem ou decisão judicial".(50)

A propósito dos modelos justrabalhistas em que se insere autonomia privada coletiva na elaboração de normas jurídicas autônomas, *Mauricio Godinho Delgado*(51) apresenta os parâmetros do modelo democrático e do padrão autoritário.

Em linhas gerais, no primeiro modelo prevalece a ampla legitimação da solução dos conflitos pela negociação coletiva entre os particulares, como instrumento de criação de norma jurídica (ex.: Inglaterra e Estados Unidos da América).

Esse mesmo modelo democrático pode ter como característica a normatização das normas pelos particulares subordinada a uma regulamentação heterônoma do Estado, isto é, criatividade autônoma limitada (ex.: França e Alemanha pós-segunda guerra mundial).

No modelo autoritário a normatização subordina-se ao Estado, repelindo a gestão democrática das relações de trabalho. Nesse padrão jurídico o processo de elaboração estatal de normas jurídicas restringe e afasta a participação dos atores sociais. O conflito entre os particulares é repelido, proibido e controlado pelo poder totalitário do Estado (ex.: Itália e Alemanha na primeira metade do século XX). As experiências desse modelo fascista repercutiram nos sistemas do Direito do Trabalho em Portugal, na Espanha e no Brasil.

Conclui o autor que não se pode admitir de uma maneira simplista e irreal, que a adoção democratizante de um modelo privatista de normatização do Direito do Trabalho traduza no completo afastamento do Estado. O modelo de normatização privatística subordinada não o torna antidemocrático, pelo contrário, desde que haja combinação dialética de dinâmica entre a norma autônoma e a he-

(50) *Op. cit.*, p. 299.

(51) *Curso de direito do trabalho*, p. 1.363-1.367.

terônoma, a qual tem o papel social de agregar à atuação da autonomia privada coletiva um padrão mais moderno e avançado de gestão trabalhista para toda a sociedade.

1.2.9. Níveis

Os níveis de negociação coletiva estão diretamente relacionados com os objetivos e com o universo que se pretende atingir, podendo ser por categoria, por empresa e até mesmo supracategoria.(52)

As negociações coletivas de trabalho realizam-se em diversos níveis, dependendo do modelo adotado pelo país, podendo, inclusive, ser no nível inferior ao da empresa, como é o caso da negociação por setor, departamento ou estabelecimento.

Para *Amauri Mascaro Nascimento*, quanto à relação entre os níveis de negociação, estes podem ser classificados como articulados e não articulados. Os primeiros correspondem a um "conjunto de convênios coletivos escalonados, em diferentes níveis, relacionados entre si, a partir de um acordo maior, o acordo-macro, entre organizações sindicais de segundo grau".(53)

Já nos níveis não articulados os diversos níveis de negociação, ainda que na mesma categoria, são totalmente autônomos, não havendo reserva de competências para instâncias ou entidades sindicais ou ainda restrições sobre o conteúdo da negociação, permitindo, assim, maior liberdade para as bases.

Ainda segundo o autor, quanto à concentração, os modelos de negociação coletiva são concentrados, ou seja, a negociação é centralizada em um nível mais alto na instância sindical, ou descentralizados, ou seja, distribuem-se por todos os níveis de representação sindical.

No Brasil, de acordo com o art. 8º, II, III e IV da Constituição Federal, o sistema adotado de organização sindical é o de categorias, recepcionando, assim, o texto consolidado que utiliza as expressões categoria profissional ou econômica.

Por categoria entende-se o conjunto de pessoas com interesses em comum, profissionais ou econômicos, decorrentes de identidade de condições relacionadas ao trabalho ou à atividade empresarial.

---

(52) BRITO FILHO, José Cláudio Monteiro de. *Direito sindical*, p. 189.

(53) *Compêndio de direito sindical*, p. 290-291.

Entretanto, pelo sistema organizativo sindical brasileiro, em regra o fator aglutinante dos trabalhadores para efeito de categoria não é propriamente a profissão exercida pelos mesmos, mas a atividade econômica exercida pelos respectivos empregadores.

Faremos a seguir um breve relato sobre os níveis de negociação coletiva adotados em outros países.

Nos Estados Unidos, há um modelo flexível de negociação coletiva, podendo ser tanto no nível de empresa, quanto de uma determinada categoria profissional ou até de mais de uma empresa. A negociação se desenvolve dentro da denominada "unidade apropriada".(54)

No referido país, o sindicato é eleito pelos trabalhadores para representá-los no processo de negociação coletiva, normalmente no âmbito da empresa. A entidade sindical representará a todos os trabalhadores daquela unidade produtiva. As unidades que não possuírem sindicatos representando os seus trabalhadores não terão contratos coletivos regulando a relação de trabalho e, assim, os direitos e benefícios ficarão restritos à concessão espontânea da mesma ou serão decorrentes de leis federais.(55)

Em Portugal os níveis de negociação são variados, havendo uma tendência para a sua articulação no nível de empresa, embora possa ocorrer também de forma macro envolvendo várias organizações sindicais e empregadores.(56)

Na Espanha, os níveis de negociação desenvolvem-se tanto no âmbito da empresa ou inferior, por meio de comitê de empresa, delegado do pessoal, representações sindicais e comissões de negociação. No âmbito superior à empresa, os membros das comissões de negociação serão escolhidos pelas partes negociadas, com representação das entidades sindicais, dos empregados e dos empregadores. Assim, a estrutura da negociação nos diferentes níveis é estabelecida pelas partes, que definem, inclusive, a competência para a negociação em nível maior e menor remanescente, mediante acordos interprofissionais ou convenções coletivas.(57)

Já na América Latina, Argentina, México, Venezuela, Chile, Colômbia e El Salvador adotam preferencialmente o modelo de negociação por indústria, ou seja, por categoria.

---

(54) BRITO FILHO, José Cláudio Monteiro de. *Direito sindical*, p. 190.

(55) NASCIMENTO, Amauri Mascaro. *Compêndio de direito sindical,* p. 297-299.

(56) BRITO FILHO, José Claudio Monteiro de. *Op. cit.*, p. 190.

(57) NASCIMENTO, Amauri Mascaro. *Op. cit.*, p. 292.

Não se pode afirmar que um modelo de nível de negociação é melhor do que outro, pois o fundamental é que haja liberdade de escolha dentro de cada sistema, o mais adequado para se atingir o objetivo desejado.(58)

Há uma tendência no moderno Direito do Trabalho de se privilegiar as negociações localizadas ou pontuais, visando à celebração de acordos coletivos com as empresas, aproximando as necessidades dos respectivos trabalhadores à realidade empresarial.

Em verdade, o novo papel a ser desempenhado pelo Estado, enquanto Estado Democrático de Direito, é o de regular o desenvolvimento sócio-econômico promovendo e estimulando a atividade empresarial. Dessa forma, a relação de trabalho está centrada na realidade das empresas, como grandes geradoras de emprego, principalmente as pequenas e médias empresas.(59)

Daí por que os acordos coletivos de trabalho, resultantes da autonomia privada coletiva mais próxima da realidade empresa, traduzem de forma mais efetiva e legítima os interesses dos trabalhadores e dos empregadores. É a empresa privada moderna ocupando o centro da atividade econômica. Razão pela qual a tendência moderna de negociação coletiva é a de descentralização no nível da empresa, contrariamente à idéia superada de negociação centralizada e articulada.

1.2.10. Instrumentos negociais coletivos

A instrumentalização da solução do conflito pela negociação coletiva se efetiva em dois diplomas jurídicos, com amplitudes de aplicação distintas: a Convenção Coletiva de Trabalho e o Acordo Coletivo de Trabalho.

1.2.10.1. Convenção e acordo coletivos de trabalho

A convenção coletiva de trabalho vem expressamente definida pelo art. 611, *caput*, da CLT como "o acordo de caráter normativo pelo qual dois ou mais sindicatos representativos de categorias econômicas e profissionais estipulam condições de trabalho aplicáveis, no âmbito das respectivas representações, às relações individuais de trabalho".

(58) BRITO FILHO, José Claudio Monteiro de. *Op. cit.*, p. 191-192.

(59) ALMEIDA, Renato Rua de. "A teoria da empresa e a regulação da relação de emprego no contexto da empresa", *Revista LTr,* 69-05/574, 2005.

Portanto, a convenção coletiva é o diploma negocial coletivo celebrado no âmbito da categoria profissional e econômica com efeito normativo, ou seja, abrange a todos os empregados e empregadores da categoria, independentemente de serem associados ou não às entidades sindicais que os representam e que estipulam as respectivas normas coletivas constantes do instrumento.

Apesar de ter origem na autonomia privada, as convenções coletivas geram regras gerais, abstratas e impessoais, de forma a normatizar situações futuras, o que corresponde à criação de regras jurídicas, bem como de cláusulas contratuais ou obrigacionais para as partes convenentes.[60]

A convenção coletiva, como instrumento formal negociado, tem como sujeitos legítimos os sindicatos representativos das categorias dos empregados e dos empregadores, no âmbito da sua base territorial.

Já as partes das convenções coletivas constituem as próprias categorias representadas pelos sujeitos sindicais negociais, as quais serão abrangidas pelos efeitos destes instrumentos. Enquanto forma de definição de obrigações entre estipulantes, além de normatizar as condições de trabalho, confundem-se sujeitos e partes.[61]

Ao se atribuir às entidades sindicais a legitimidade originária para celebração da convenção coletiva, o legislador estabeleceu subsidiariamente a legitimação para as entidades sindicais de grau superior, a Federação e a Confederação, para os casos de categorias inorganizadas em sindicatos, no âmbito de suas representações (art. 611, § 2º, CLT).

Por sua vez, o acordo coletivo de trabalho também está previsto expressamente no nosso ordenamento jurídico, mais precisamente no art. 611, § 1º, da CLT, o qual estabelece que "é facultado aos sindicatos representativos de categorias profissionais celebrar Acordos Coletivos com uma ou mais empresas da correspondente categoria econômica, que estipulem condições de trabalho, aplicáveis no âmbito da empresa ou das empresas acordantes às respectivas relações de trabalho".

Portanto, o acordo coletivo é um instrumento normativo coletivo firmado pelo sindicato profissional com uma ou mais empresas, da

(60) DELGADO, Mauricio Godinho. *Direito coletivo do trabalho*, p. 113.

(61) NASCIMENTO, Amauri Mascaro. *Compêndio de direito sindical*, p. 340 e 341.

categoria econômica correspondente, pelo qual se normatizam as condições de trabalho aplicáveis aos empregados no âmbito das referidas empresas, estabelecendo obrigações entre os sujeitos pactuantes.

Da mesma forma que a convenção coletiva, o acordo coletivo também gera normas jurídicas, ou seja, gerais, abstratas e impessoais, contudo, com abrangência mais restrita e especificidade quanto aos sujeitos legitimados.

Ao se legitimar as empresas como um dos sujeitos do acordo coletivo, tem-se que pela sua própria natureza o empregador configura-se como um ente coletivo, não havendo qualquer incompatibilidade com a Constituição Federal, que considera obrigatória a participação dos sindicatos nas negociações coletivas de trabalho (art. 8º, VI, CF), conforme já mencionamos. Assim, não há necessidade de participação do sindicato da categoria econômica para representar o empregador na pactuação do acordo coletivo. Da mesma forma, isto não descaracteriza o acordo coletivo como fonte de criação de norma jurídica.

Aplica-se também aos acordos coletivo a legitimação subsidiária das entidades sindicais profissionais de grau superior, na ausência de categoria sindical organizada na base territorial da empresa para representar os correspondentes empregados. Muito embora o art. 611, § 2º, da CLT mencione expressamente a hipótese de celebração de convenção coletiva pela Federação e Confederação, entendemos que tal dispositivo deve ser interpretado de forma mais ampla, no sentido de procedimentalizar o direito, analisando inclusive analogicamente ao disposto no art. 617, § 1º, da CLT, que permite aos interessados, na omissão do sindicato, buscar representação nas entidades sindicais de 2º e 3º graus.

A propósito, o art. 617, § 1º, da CLT trata da legitimação substitutiva ou extraordinária, dispositivo este que permite aos interessados negociar diretamente sem a participação das entidades sindicais (Sindicato, Federação e Confederação), na inércia destas em representá-los no processo de negociação coletiva.

Feitas essas considerações, podemos sinteticamente fazer as seguintes deduções a respeito da convenção coletiva e do acordo coletivo de trabalho:

a) Legitimação: na convenção coletiva estão legitimadas a celebrá-la as entidades sindicais profissionais e econômicas. No acordo coletivo estão legitimadas as entidades sindicais profissionais e as empresas.

b) Conteúdo: tanto a convenção coletiva, quanto o acordo coletivo geram regras jurídicas (normativas) e contratuais (obrigacionais).

c) Natureza Jurídica: a convenção coletiva e o acordo coletivo têm dupla natureza: contratual (acordo de vontade entre as partes e vinculação dos pactuantes) e normativa (abrange a todos os representados com aplicação nos contratos individuais de trabalho).

d) Forma: a convenção coletiva e o acordo coletivo são instrumentos formais, cujas regras básicas estão disciplinadas no art. 613 da CLT: designação dos sindicatos e empresas convenentes; prazo de vigência; categorias de trabalhadores abrangidas pelas normas; condições ajustadas; normas para conciliação das divergências da aplicação das normas; processo de prorrogação e revisão total ou parcial das normas; direitos e obrigações dos trabalhadores e empresas; penalidades para os sujeitos convenentes em caso de descumprimentos das normas pactuadas.

e) Duração: os dois diplomas negociais não podem ter duração superior a dois anos (art. 614, § 3º, da CLT). A vigência é a partir do terceiro dia após o depósito administrativo do instrumento no órgão local do Ministério do Trabalho (art. 614, § 1º, da CLT).

f) Prorrogação, Revisão, Denúncia, Revogação, Extensão: aplica-se a mesma regra da celebração original da convenção coletiva e do acordo coletivo (art. 615 da CLT).

1.2.10.2. Contrato coletivo de trabalho e contratação coletiva

O contrato coletivo de trabalho é definido pela Recomendação n. 31 da OIT como:

> "Todo acordo escrito relativo às condições de trabalho e de emprego, celebrado entre um empregador, um grupo de empregadores ou uma ou várias organizações de empregadores, de um lado, e de outro, uma ou várias organizações representativas de trabalhadores, ou, na falta dessas organizações, representantes dos trabalhadores interessados, por eles devidamente eleitos e credenciados, de acordo com a legislação nacional".

A Recomendação n. 91 da OIT também traz uma definição de contrato coletivo de trabalho praticamente no mesmo sentido da Recomendação n. 31.

Contudo, em nosso ordenamento jurídico o contrato coletivo de trabalho, segundo *Mauricio Godinho Delgado*, é "uma figura não institucionalizada na negociação coletiva trabalhista"(62) ou, ainda, como adverte *Amauri Mascaro Nascimento* "uma mera pretensão".(63) Permanecem, assim, como a instrumentalização da negociação coletiva os diplomas da convenção coletiva de trabalho e do acordo coletivo de trabalho.

No passado utilizou-se a denominação contrato coletivo na Constituição Federal de 1937, art. 137, e na CLT, art. 611. Com a Carta Magna de 1946 voltou-se à expressão convenção coletiva e o Decreto n. 229, de 28.2.67, eliminou o termo contrato coletivo do art. 611 da CLT e incluiu a figura do acordo coletivo (§ 1º art. 611).

Contudo, alguns artigos da CLT que adotaram o termo contrato coletivo não foram alterados expressamente pelo referido decreto, por lapso do legislador, como, por exemplo, o art. 59 (jornada de trabalho) e art. 71 (intervalo para refeição e descanso), mas nesses casos deve-se entender como convenção coletiva ou acordo coletivo de trabalho.(64)

Em 1992 a Lei n. 8.542, que dispunha sobre a Política Nacional de Salários, em seu art. 1º, § 1º, mencionava que as cláusulas dos acordos, convenções ou contratos coletivos de trabalho integravam os contratos individuais de trabalho e somente poderiam ser reduzidas ou suprimidas por posterior diploma coletivo de trabalho. O § 2º do art. 1º também fazia menção ao contrato coletivo para fixação de condições de trabalho, reajustes salariais e pisos normativos. Os referidos dispositivos legais foram posteriormente objeto de revogação pela Medida Provisória n. 1.675-42/98 e objeto de Ação Direta de Inconstitucionalidade (ADIn n. 1.849/DF).

Em 1993 a Lei n. 8.630, conhecida como Lei dos Portuários, trouxe novamente ao ordenamento jurídico brasileiro a previsão do contrato coletivo de trabalho.

---

(62) *Direito coletivo do trabalho*, p. 124.

(63) *Compêndio de direito sindical*, p. 349.

(64) MARTINS, Sérgio Pinto. *Direito do trabalho*, p. 689.

Como visto, a figura do contrato coletivo de trabalho ressurgiu após a promulgação da Constituição Federal de 1988 com as mencionadas leis. Entretanto, esse diploma coletivo não foi definido, caracterizado ou estruturado juridicamente pelos dispositivos legais. Essa nova referência do contrato coletivo veio sem qualquer similaridade com o instituto previsto nos dispositivos legais anteriores à reforma do Decreto n. 229/67, pretendendo constituir-se em um instrumento negocial que expandisse os limites corporativos do sistema sindical brasileiro.[(65)]

A doutrina buscou definir o contrato coletivo de trabalho, tendo surgido interpretações distintas, umas mais restritivas (mera nomenclatura para a convenção coletiva e acordo coletivo), outras mais ampliativas (novo e mais amplo nível de negociação coletiva) e ainda as reformistas ou inovadoras (superação do corporativismo, valorização da autonomia privada coletiva e construção de um novo modelo de relações do trabalho com base na Resolução n. 163 da OIT).

A atual estrutura sindical brasileira (base territorial, categoria, unicidade) é o principal obstáculo à adoção da figura do contrato coletivo de trabalho, numa amplitude maior, como a materialização de negociações coletivas mais abrangentes do que as instrumentalizadas nas convenções coletivas e acordos coletivos. O exemplo de tentativa de celebração de normas coletivas mais abrangentes citado pelos doutrinadores é o "acordo nacional" dos bancários, que na realidade reveste-se das características de convenção coletiva ratificada pelos diversos sindicatos nos limites das suas representatividades territoriais.

1.2.10.3. Prorrogação, revisão, denúncia e revogação

A vigência da convenção coletiva e acordos coletivos de trabalho pode ser modificada pelos processos de prorrogação, revisão, denúncia e revogação, conforme previsto no art. 615 da CLT.

> "Art. 615. O processo de prorrogação, revisão, denúncia ou revogação total ou parcial da Convenção ou Acordo ficará subordinado, em qualquer caso, à aprovação de Assembléia Geral dos Sindicatos convenentes ou partes acordantes, com observância do disposto no art. 612".

---

(65) DELGADO, Mauricio Godinho. *Direito coletivo do trabalho*, p. 125.

As mesmas regras referentes à celebração dos instrumentos negociais coletivos aplicam-se a esses mecanismos, ou seja, os processos devem subordinar-se à aprovação de assembléia geral dos sindicatos ou das partes convenentes, depósito do instrumento no mesmo organismo público em que a convenção ou o acordo coletivo foi depositado e fixação do prazo para início das alterações introduzidas.

Por prorrogação entende-se a extensão do período de vigência do diploma coletivo. A doutrina discute acerca da possibilidade de prorrogar essa vigência por período superior a dois anos, tendo em vista o limite estabelecido pelo art. 614, § 3º da CLT para os instrumentos originais.

Defende *Amauri Mascaro Nascimento* que a prorrogação pode extrapolar essa limitação e afirma que:

> "Prorrogar é ampliar a duração do instrumento coletivo para durar mais do que pode regularmente, e limitar a dois anos não é prorrogar, é usar o prazo normal; a situação que se forma quando, findo o prazo, novo acordo é ajustado entre as mesmas partes é igual à que ocorre quando há prorrogação; logo, não há razão para burocratizar quando, mais prático, é prorrogar".(66)

Muito embora não tenha o legislador limitado expressamente o prazo da possível prorrogação, pode-se concluir que este mecanismo de modificação vincula-se ao período máximo de vigência estabelecido no instrumento original, qual seja, dois anos.

Na prática, esse é um dos motivos pelo qual a prorrogação das convenções ou acordos coletivos de trabalho não é utilizada com muita freqüência pelas partes convenentes ou acordantes, as quais optam por celebrar novo instrumento coletivo. Admitir-se que a prorrogação não está adstrita a limites de prazo é atribuir aos instrumentos negociais coletivos período de vigência superior ao limite legalmente fixado (art. 615, § 2º da CLT).

Durante a vigência do acordo ou convenção coletivos as partes podem negociar a alteração parcial ou integral das suas cláusulas normativas ou obrigacionais, por meio do mecanismo de revisão.

---

(66) *Compêndio de direito sindical*, p. 366.

Entende-se por denúncia o ato unilateral em que uma da partes acordantes ou convenentes cientifica a outra parte da sua intenção de não mais cumprir determinada cláusula em vigor no instrumento coletivo.

A denúncia é um instrumento pouco utilizado pelas partes convenentes, embora previsto no nosso ordenamento jurídico. Há entendimento doutrinário admitindo a denúncia apenas para garantir a efetividade dos diplomas negociais coletivos, mas não para assegurar o término dos mesmos ou de determinadas cláusulas normativas.(67)

Mas, na visão de *Renato Rua de Almeida* a denúncia não deve ser operacionalizada de forma restritiva, sendo necessária a sua contextualização no ordenamento jurídico diante da nova realidade de uma economia de mercado globalizado. Cabe à denúncia ser um instrumento de flexibilização da convenção e acordo coletivos de trabalho em defesa da empregabilidade.

É a tendência do direito moderno, muito mais operacional do que conceitual.

Conclui o autor que "deve-se procurar a decidibilidade necessária para a denúncia, como instituto autônomo do direito coletivo do trabalho brasileiro, mesmo porque positivado pelo ordenamento jurídico, decidibilidade essa que constitui o problema central da ciência dogmática jurídica".(68)

Já o processo de revogação do diploma coletivo caracteriza-se como o ato bilateral pelo qual as partes convenentes decidem desfazer, total ou parcialmente, o instrumento pactuado.(69)

1.2.10.4. Efeitos nos contratos individuais de trabalho

Os efeitos dos instrumentos negociais coletivos nos contratos individuais do trabalho estão diretamente relacionados com o conteúdo dos mesmos. Existem várias classificações doutrinárias para o conteúdo dos diplomas coletivos: cláusulas normativas e obrigacionais, cláusulas econômicas e sociais, cláusulas gerais e especiais, cláusulas de organização e de comportamento e cláusulas *in mellius* e *in pejus*.

---

(67) ALMEIDA, Renato Rua de. A denúncia da convenção coletiva de trabalho", *Revista LTr,* 66-05/531, 2002.

(68) *Op. cit.*, p. 532.

(69) NASCIMENTO, Amauri Mascaro. *Compêndio de direito sindical,* p. 367.

Adotamos a classificação do conteúdo normativo e obrigacional por entender refletir melhor a própria natureza jurídica do acordo coletivo e convenção coletiva de trabalho.

A propósito da natureza mista dos diplomas coletivos de trabalho, afirma *Pedro Paulo Teixeira Manus* que a convenção coletiva "quanto à celebração tem caráter contratual, ou obrigacional, e quanto ao conteúdo tem caráter normativo aplicando-se a todos os empregados e empregadores por ela abrangidos".(70)

Prossegue o autor asseverando que "os empregados e empregadores são obrigados a respeitar as cláusulas normativas, pois o sistema jurídico reconhece a autonomia privada coletiva como produtora de normas trabalhistas".(71)

A aplicação obrigatória das normas coletivas está relacionada com seu elemento normativo coercitivo.

Os efeitos das normas coletivas nos contratos individuais de trabalho são de natureza normativa e contratual.

Dessa forma, as cláusulas normativas estabelecidas nos instrumentos negociais coletivos durante a vigência destes aplicam-se aos contratos individuais de trabalho abrangidos pelos respectivos sindicatos convenentes e empregadores acordantes.

Por sua vez, as cláusulas obrigacionais, pela sua própria natureza e finalidade, aplicam-se somente durante a vigência da norma coletiva, obrigando as partes convenentes e acordantes pelo período fixado no referido documento.

Portanto, a regra geral é que tanto as cláusulas de natureza normativa, quanto as de caráter obrigacional produzem efeitos apenas durante o período de vigência do respectivo acordo coletivo ou convenção coletiva de trabalho.

Contudo, a questão se torna polêmica no caso de não haver menção no instrumento coletivo sobre a incorporação da cláusula normativa ao contrato individual de trabalho e não de haver a sua reiteração em nova norma coletiva. Como ficam os efeitos nos contratos individuais do trabalho da norma coletiva não renovada?(72)

---

(70) *Negociação coletiva e contrato individual de trabalho*, p. 114.

(71) *Op. cit.*, mesma página.

(72) MANUS, Pedro Paulo Teixeira. *Negociação coletiva e contrato individual de trabalho*, p. 120.

A Jurisprudência vem-se posicionando pela cessação dos efeitos das cláusulas normativas com o término do período de vigência da norma coletiva, tendo como base o Enunciado n. 277 do TST:

> "As condições de trabalho alcançadas por força de sentença normativa vigoram no prazo assinado, não integrando, de forma definitiva os contratos".

A doutrina possui correntes de entendimento divergentes sobre o assunto.

A esse respeito, *Renato Rua de Almeida* defende que as cláusulas normativas não se incorporam definitivamente no contrato de trabalho, sendo que a própria Constituição Federal de 1988 prevê a relatividade de conteúdo dos instrumentos coletivos, na medida em que autoriza a sua alteração *in pejus* (art. 7º, VI). E ressalta que:

> "Ademais, a convenção coletiva de trabalho e o contrato individual de trabalho são fontes de natureza diferente. A convenção coletiva de trabalho é um acordo normativo (Recomendação n. 91 da OIT), compreendido dentro de um processo amplo de negociação (Convenção n. 154 da OIT), sempre aberto às adaptações circunstanciais pela autonomia privada coletiva. Já o contrato individual de trabalho é um negócio jurídico exclusivamente bilateral, de interesses individuais, constituindo obrigações garantidas por lei, que só deixam de existir em caso de extinção contratual".(73)

Contudo, o próprio autor excepciona a tese da não incorporação das convenções coletivas nos contratos de trabalho ao invocar a "vantagem individualmente adquirida", ou seja, direitos ou benefícios que beneficiaram individualmente o trabalhador, de forma continuada, na vigência do instrumento coletivo. Nessas hipóteses, a regra geral da não incorporação das cláusulas coletivas aos contratos de trabalho não se aplica.

Nessa mesma linha de entendimento segue *Pedro Paulo Teixeira Manus* afirmando que uma vez que a norma coletiva é um

---

(73) "Das cláusulas normativas das convenções coletivas de trabalho: conceito, eficácia e incorporação nos contratos individuais do trabalho", *Revista LTr*, 60-12/1603, 1996.

ajuste com vigência determinada, naquele prazo as partes se obrigam expressamente, razão pela qual a regra geral é que "não há como exigir o cumprimento de cláusula após a expiração do respectivo prazo". E conclui o autor que:

> "Durante a vigência da norma coletiva ela é de observância e cumprimento obrigatórios. Decorrido o prazo de vigência da norma coletiva, não há fundamento para exigir o seu cumprimento. Todavia, em se tratando de cláusula que contemple "vantagem individual adquirida", nos termos tratados por *Renato Rua de Almeida*, já referido; tratando-se de manutenção de cláusulas anteriores pela nova norma coletiva, ou tratando-se de ajuste expresso de aplicação de cláusula após a vigência da norma, pode-se cogitar da ultra-atividade da norma coletiva, isto é, de sua aplicação após o prazo avençado".(74)

Sérgio Pinto Martins manifesta-se também no sentido de não ultra-atividade das cláusulas normativas, afirmando que não pode utilizar como fundamentação para a incorporação das cláusulas coletivas nos contratos individuais do trabalho o dispositivo contido no art. 468 da CLT, posto que este versa sobre Direito Individual, não tendo aplicação no Direito Coletivo, além do que também não haveria que se falar em direito adquirido. Assevera o autor que:

> "Não se pode dizer também que há direito adquirido à manutenção da condição do contrato de trabalho, pois o inciso XXXV do art. 5º da Lei Maior estabelece que 'a lei não prejudicará o direito adquirido'. Não é a convenção ou o acordo coletivo que não prejudicarão o direito adquirido, mas a lei. Ademais, em função do prazo determinado de vigência da norma coletiva, não se pode falar em incorporação de suas cláusulas no contrato de trabalho".(75)

Para *Amauri Mascaro Nascimento*, contudo, a resposta a respeito da incorporação ou não das cláusulas coletivas normativas no contrato de trabalho depende da análise de cada caso em concreto:

---

(74) *Negociação coletiva e contrato individual do trabalho*, p. 124.

(75) *Direito coletivo do trabalho*, p. 719.

> "(...) dentre as cláusulas normativas, há que se distinguir em razão do prazo estabelecido e da natureza da cláusula, aquelas que sobrevivem e as que desaparecem. Um adicional por tempo de serviço é, por sua natureza, algo que se insere nos contratos individuais de trabalho, se as partes não estipularam condições ou limitações à sua vigência. Um adicional de horas extraordinárias é obrigação que, tendo em vista a sua natureza, vigora pelo prazo em que a convenção coletiva perdurou. Desse modo, a resposta depende da verificação, em cada caso concreto, da cláusula em questão".(76)

Não obstante os argumentos dos autores citados no sentido de não haver a ultra-atividade das cláusulas normativas, na doutrina há defensores da tese da incorporação dos referidos dispositivos negociais normativos aos contratos individuais de trabalho, dentre os quais citamos *Octávio Bueno Magano*, que sustenta o seguinte posicionamento:

> "Não prorrogada a convenção, novos contratos individuais, que se façam, não terão que pautar-se pela convenção finda. Esta continuará, contudo, regendo os contratos individuais em curso, já que suas cláusulas passaram a integrá-los. A supressão das últimas não seria possível à luz do art. 468 da CLT, que veda qualquer alteração contratual, em prejuízo do empregado. As cláusulas que perdurarão serão as já integradas nos contratos individuais. Nessa conformidade, se a convenção finda previa, por exemplo, férias de 30 dias e o empregado já fruíra desse benefício, não poderia perdê-lo, com a extinção da convenção. Mas, se a previsão da convenção fosse a de complementação sem perfazer 30 anos de serviço, claro que aquele que só o perfizesse após a extinção da convenção nada poderia exigir, com base nela".(77)

Nesse diapasão, de acordo com essa linha de entendimento, a convenção coletiva de trabalho continuará disciplinando os contratos individuais em curso, mesmo não prorrogada, pois suas cláusulas incorporam-se a estes.

---

(76) *Compêndio de direito sindical*, p. 316.

(77) *Convenção coletiva de trabalho*, p. 95.

Entretanto, tomando-se por base o objetivo principal da negociação coletiva, que é a solução do conflito coletivo de trabalho pela autonomia privada coletiva, por meio de criação de cláusulas normativas para disciplinar as relações entre empregados e empregadores durante um prazo certo, torna-se difícil concluir pela integração definitiva dessas condições aos contratos de trabalho. Se os interlocutores sociais não acordaram expressamente no sentido de haver a incorporação das vantagens coletivamente negociadas às relações individuais de trabalho, as referidas cláusulas cessarão seus efeitos com o término da vigência da norma coletiva.

Durante o período de vigência do instrumento coletivo, as normas coletivas são de cumprimento compulsório, obrigando-se as partes durante o respectivo lapso de tempo.

Após esse prazo, não há como exigir a observância da norma coletiva pelas partes. Contudo, há que se ressalvar a hipótese já mencionada da "vantagem individual adquirida".[78]

(78) MANUS, Pedro Paulo Teixeira. *Negociação coletiva e contrato individual de trabalho*, p. 123-124.

2. ESTRUTURA SINDICAL

Inicialmente, antes de apresentarmos a nossa síntese da evolução histórica do movimento sindical no Brasil, cumpre destacar que os autores utilizam as expressões Direito Sindical e Direito Coletivo para designar a disciplina de relações coletivas do trabalho (conjunto de institutos, princípios e normas) no âmbito do Direito do Trabalho.

Alguns autores, como por exemplo *Antônio Álvares da Silva, Octavio Bueno Magano* e *Sérgio Pinto Martins,* utilizam a expressão Direito Coletivo do Trabalho. Outros autores optaram por Direito Sindical do Trabalho, entre eles citamos *Amauri Mascaro Nascimento* e *José Cláudio Monteiro de Brito Filho*. Há ainda uma terceira corrente de doutrinadores que utilizam as expressões como sinônimos, como é o caso de *Mozart Victor Russomano*.

Da mesma forma que entendemos ser a expressão "conflito coletivo" mais abrangente, mais usual no meio acadêmico e isenta de correções, conforme já mencionado anteriormente em capítulo próprio, também demonstramos a nossa preferência pela expressão Direito Coletivo do Trabalho, por entendermos que tem a noção mais ampla de estudo das relações coletivas do trabalho, englobando os aspectos inerentes ao sindicato e organização sindical, em oposição às relações individuais do trabalho, as quais são tratadas pelo Direito Individual do Trabalho.

Portanto, o Direito Coletivo do Trabalho é um instituto do Direito do Trabalho tendo por objeto tratar da organização sindical, dos conflitos coletivos do trabalho, das formas de solução, dos sujeitos e da representação dos trabalhadores.

Contextualizada a organização sindical no Direito do Trabalho, mais precisamente no Direito Coletivo do Trabalho, passamos a analisar a evolução histórica do sindicalismo brasileiro.

2.1. HISTÓRICO

As corporações de ofício, primeiro grupo de operários artesãos organizados, que mantinham o domínio e a organização do trabalho, deram origem ao denominado sindicalismo de ofício, associação de trabalhadores qualificados de vários setores (pedreiros, marceneiros, mecânicos etc.), com restrição aos não qualificados, mulheres e aprendizes, que tinha por objetivo a regulamentação, venda e controle do mercado.

A extinção das corporações de ofício pela Revolução Francesa (1789), por defender a incompatibilidade entre a liberdade individual e a subordinação à associação, resultou na formação dos sindicatos, é o que assevera *Rudimar Roberto Bortolotto:*

> "Pode-se afirmar que a extinção das corporações de ofício resultou na formação dos sindicatos. Segundo *Russomano*, 'a simples verdade cronológica é que, quando se fecharam as portas das corporações, já se começaram a abrir as portas dos sindicatos. O momento de transição coincide com o fim do século XVIII e o começo do século XIX".[1]

A Revolução Industrial foi o berço do sindicalismo moderno, despertando os trabalhadores para a conscientização da coalizão como forma de defesa de seus interesses comuns, diante da nova ordem das indústrias concebidas em torno dos maquinários e escala de produção em série, com pouca ênfase nos trabalhadores e condições de trabalho.

Dessa forma, entre os séculos XIX e XX surgiu o sindicalismo de indústria, em cujas idéias revolucionárias foram cedendo espaço na medida em que houve um avanço no sentido da democratização do sistema político de organização dos países europeus.

No Brasil, no século XIX sugiram as associações de ofício. Não havia dispositivo constitucional assegurando o direito de associação, que surgiu somente com a promulgação da Constituição de 1891. Contudo, não mencionou expressamente sobre entidades sindicais.

Os primeiros sindicatos surgiram em 1903, relacionados com o meio rural (agropecuária), reconhecidos pelo Decreto n. 979, de 1903. Em 1907 foram reconhecidos os sindicatos urbanos pelo Decreto n. 1.637, que possibilitou a criação de sociedades corporativas, assegurando aos trabalhadores o direito de associar-se aos sindicatos, para defesa de seus interesses.

---

(1) *Os aspectos da representatividade no atual direito sindical brasileiro*, p. 19.

A partir de 1930 o sindicalismo expandiu-se, contudo, de forma intervencionista, vinculado ao Poder Público, como função delegada, organizado em torno do Estado, sob a dependência de reconhecimento deste, sem autonomia e liberdade.

Pouco antes do advento da Constituição Federal de 1934, o Decreto n. 24.694, de 12.7.34, previu a pluralidade sindical, antecipando-se ao texto da Carta Magna, contudo, com limitações relativas à autonomia de criação dos sindicatos. Muito embora o texto constitucional passasse a utilizar a expressão pluralidade sindical, fruto ainda de mudanças sociais e econômicas advindas da Revolução de 30, na realidade caracterizou-se apenas como indícios de uma teórica liberdade das entidades sindicais, pois estas nasciam dependentes e vinculadas ao Poder Estatal, subordinadas à legislação ordinária que sufocou previamente a idéia de sindicalismo autônomo e plúrimo. A pluralidade sindical não foi de fato implementada.

A Constituição de 1937, influenciada pelo regime fascista italiano, veio a reforçar o controle do Estado e a extinguir a pluralidade sindical prevista no texto constitucional anterior. Essa nova Carta teve como inspiração a Carta Del Lavoro da Itália, com característica corporativista. Estabeleceu-se o sistema da unicidade sindical, controlado pelo Poder Público, concentrado no Poder Executivo, intervindo nas organizações sociais, representativas e partidárias.

Em 1939, o Decreto n. 1.402 regulamentou o sindicalismo único por categoria econômica ou profissional na mesma base territorial, disciplinando sobre a administração, organização, quadro de categorias, eleições, entidades de grau inferior e superior, intervenção estatal e cassação da carta de reconhecimento sindical.

Em 1940 instituiu-se no ordenamento jurídico a contribuição sindical (Decreto-Lei n. 2.377) e o enquadramento sindical (Decreto-Lei n. 2.381).

O Decreto-Lei n. 5.453, de 1º.5.43 promulgou a Consolidação das Leis do Trabalho, uma compilação dos textos infraconstitucionais, mantendo-se a característica corporativista do sistema sindical controlado pelo Poder Estatal, previsto na Constituição de 1937 e nos dispositivos do Decreto n. 1.402/39.

A Constituição de 1946 previa possibilidade tanto da unicidade sindical, quanto da pluralidade sindical, deixando a regulamentação pela legislação ordinária. Tendo sido a CLT recepcionada pela

Constituição Federal, prevaleceu o regime da unicidade sindical, ou seja, o sindicato exercendo função delegada pelo Poder Público. Contudo, trouxe uma novidade referente ao direito de greve, agora garantido e reconhecido constitucionalmente.

Nesse sentido, *Sérgio Pinto Martins* esclarece que:

> "A lei ordinária poderia tratar da unicidade ou da pluralidade sindical, dependendo do critério que o legislador viesse a adotar, tendo a CLT sido recepcionada pela Constituição, com seu sistema de unicidade sindical. O sindicato continuava a exercer função delegada de poder público. Reconhecia-se o direito de greve, que seria regulado em lei. Logo, não mais se considerava a greve como recurso anti-social e nocivo ao trabalho, como ocorria na Constituição de 1937".[(2)]

Em 1967 a Constituição Federal foi instaurada sob a vigência de um período autoritário do regime militar, e a Emenda Constitucional n. 01 de 1969 pouco alterou o teor dos seus dispositivos, centralizadores e antidemocráticos, tanto no que se refere às restrições ao direito de greve, quanto aos sindicatos, ratificando a função delegada atribuída aos mesmos.

Com a Constituição Federal de 1988 suavizou-se o elo intervencionista que ligava o Estado aos sindicatos no que se refere ao controle administrativo e político do Poder Público sobre a estrutura sindical. Muito embora ainda tenham sido mantidos resquícios corporativos e autoritários das Cartas Magnas anteriores, como a contribuição sindical compulsória e a unicidade sindical, a título de ilustração, a Constituição de 1988 configurou uma série inegável de avanços democráticos.

A esse respeito, *Mauricio Godinho Delgado* afirma que:

> "Não se pode negar, é verdade, os claros pontos de avanço democrático na Constituição brasileira: a nova Carta confirma em seu texto o primeiro momento na história brasileira após 1930 em que se afasta, estruturalmente, a possibilidade jurídica de intervenção do Estado — através do Ministério do Trabalho —

(2) *Direito do trabalho*, p. 605.

sobre as entidades sindicais. Rompe-se, assim, na Constituição um dos pilares do velho modelo: o controle político-administrativo do Estado sobre a estrutura sindical".(3)

De fato, a nova Carta Magna significou um avanço no sindicalismo no Brasil, principalmente no que se refere à não intervenção do Poder Estatal na sua organização e constituição; por outro lado, foram mantidos pontos negativos do modelo intervencionista e centralizador, contraditórios com a apregoada liberdade e autonomia sindical.

Portanto, a Constituição Federal de 1988 é ao mesmo tempo um marco da mudança de modelo sindical sem a intervenção estatal e da continuidade corporativista da fase anterior. Esse paradoxo no texto constitucional fica claro com a imposição da representação sindical por uma única entidade, de forma a impedir a estruturação do sindicato de acordo com a vontade do grupo de trabalhadores ou de empregadores, bem como com a cobrança da contribuição sindical obrigatória de todos os associados ou não, em favor da associação sindical da correspondente categoria profissional ou econômica.

Floriano Corrêa Vaz da Silva, nesse mesmo diapasão, ressalta que:

> "No capítulo concernente aos 'direitos sociais', a Constituição de 1988 dedica ao direito sindical o art. 8º, com oito incisos e com um parágrafo único. No seu *caput*, o art. 8º consagra a liberdade sindical, dizendo: 'É livre a associação profissional ou sindical...'. Todavia, dois de seus incisos chocam-se com o *caput:* o de n. II, que estabelece a unicidade sindical, ao proibir a criação de mais de um sindicato na mesma base territorial, e o de n. IV, que autoriza a cobrança de duas contribuições dos trabalhadores, a geral, prevista em lei, outrora chamada 'imposto sindical' e a confederativa, 'para custeio do sistema confederativo'. Sindicatos há que exigem o pagamento de ambas as contribuições não só dos trabalhadores filiados como também dos não filiados, havendo manifestações jurisprudenciais que procuram coibir tal procedimento".(4)

Não obstante as críticas à Constituição de 1988, os autores reconhecem o avanço no processo democrático e a abertura para

(3) *Direito coletivo do trabalho*, p. 99.

(4) *Direito sindical brasileiro*, p. 139.

a nova estrutura sindical, como o faz *Amauri Mascaro Nascimento*, que entende ser o novo texto constitucional "um instrumento de efetivação do processo democrático e de reordenamento jurídico da Nação".(5)

Entretanto, prossegue o autor apontando o contra-senso no nosso sistema de organização sindical:

> "As disposições constitucionais que serviram de base para a nova estrutura sindical respaldam, em alguns pontos, a livre organização e a ação sindical; em outros pontos são restritivas. Porém as suas limitações foram defendidas por parte do movimento sindical, não foram impostas pelo Governo e surgiram dos livres debates na Assembléia Nacional Constituinte; daí ser possível dizer que expressam uma legalidade consentida, ma não desejável".(6)

Com relação aos institutos do sistema sindical corporativista mantidos pela Constituição de 1988, quais sejam: contribuição sindical obrigatória, representação classista no Judiciário do Trabalho, unicidade sindical e enquadramento sindical por categoria, sistema confederativo de organização sindical, estes representam a continuidade das restrições às liberdades coletivas de organização e associação.

Restrições estas que afrontam a necessidade de uma estrutura sindical democrática, dinâmica e legítima, propiciando o enfraquecimento das entidades sindicais, subfragmentada em categorias econômicas e profissionais, sem a devida representatividade junto aos seus representados, culminando em negociações até mesmo prejudiciais aos trabalhadores.(7)

Trata-se, pois, como dissemos, de um sistema híbrido de liberdade sindical, ainda que restrita, e de regras corporativistas.

Não há como não reconhecer os avanços trazidos ao sistema sindical pela nova Carta Magna. O Estado deixa de interferir ou intervir na organização sindical, ou seja, desvinculação jurídica entre sindicato e Estado. É reconhecido o direito de greve. A negociação cole-

---

(5) *Compêndio de direito sindical*, p. 94.

(6) *Op. cit.*, mesma página.

(7) DELGADO, Mauricio Godinho. *Direito coletivo do trabalho*, p. 103.

tiva é prestigiada constitucionalmente, reconhecendo-se as convenções e os acordos coletivos de trabalho. É assegurada a eleição de um representante dos empregados nas empresas com mais de 200 empregados para promoção do entendimento direto com o empregador.

Por outro lado, não obstante a negociação ter sido elevada ao nível constitucional, a participação dos sindicatos nos processos negociais coletivos torna-se obrigatória, ou seja, atribui-se às entidades sindicais o exercício da função negocial, o que de fato limita a liberdade coletiva de exercício das funções negociais.

Observa *José Cláudio Monteiro de Brito Filho* que a restrição à liberdade de exercício dessas funções "limita a busca, por outras entidades constituídas para a defesa de interesses classistas, de soluções para os conflitos de trabalho, fazendo com que — salvo exceções, é claro — o nível de negociação fique limitado ao espaço ocupado pelo sindicato".[8]

Portanto, sob a égide da Constituição Federal de 1988, com os mencionados pontos críticos e de avanços democráticos, analisaremos a seguir a estrutura sindical brasileira atual.

2.2. SISTEMA CONFEDERATIVO

O art. 8º, IV da Constituição federal manteve expressamente o sistema confederativo sindical, já previsto anteriormente na Carta Magna anterior e na legislação consolidada. Dispõe o mencionado dispositivo:

> "Art. 8º *(Omissis)*
>
> (...)
>
> IV — A assembléia geral fixará a contribuição que, em se tratando de categoria profissional, será descontada em folha, para custeio do sistema confederativo da representação sindical respectiva, independentemente da contribuição prevista em lei;"

O sistema confederativo de representação sindical foi mantido pelo referido dispositivo constitucional, muito embora o mesmo tenha como objeto principal o tema concernente à contribuição confederativa.

(8) *Direito sindical*, p. 111.

A estrutura do sistema confederativo sindical está organizada tendo como entidades de primeiro grau os sindicatos, de segundo grau as Federações e de terceiro grau as Confederações.

Essa pirâmide estrutural de representação sindical é organizada respeitando-se o critério da categorização, tanto profissional, quanto econômica, conforme veremos adiante, não havendo liberdade de vinculação de entidades sindicais representativas de categorias diferentes. A unicidade sindical também constitui uma restrição à liberdade de criação e organização dos sindicatos na atual estrutura sindical brasileira.

Esse sistema confederativo hierarquizado e compulsório não reflete o espírito contido na Convenção n. 87 da OIT, a qual em seu art. 5º assegura o direito das organizações de trabalhadores e de empregadores de constituir federações e confederações, podendo a elas se filiarem, bem como garantindo o direito às organizações, federações e confederações de se filiar a organizações internacionais de empregados e empregadores.

Como bem salienta *José Cláudio Monteiro de Brito Filho:*

> "Não que a liberdade sindical, neste caso, seja a de poder formar e/ou aderir a federações, confederações e, até, a centrais sindicais. Não, a liberdade é mais do que isso. É poderem trabalhadores, em sentido amplo, e empregadores decidir como será a sua forma de organização sindical e se haverá, ou não, uma estrutura que interligue as diversas entidades existentes".(9)

Nesse sentido, a liberdade sindical não estaria presente no sistema confederativo adotado para a organização sindical no Brasil, na medida em que o processo de integração e interligação entre as entidades sindicais não se trata de um processo natural de ação conjunta ou de uma escolha do modelo de unidades de ação pelos empregados e empregadores representados, mas de uma imposição estatal.

Note-se que as centrais sindicais não integram o sistema confederativo previsto na Constituição Federal e na CLT, muito embora participem de fato do movimento sindical brasileiro. Não há o reco-

---

(9) *Direito sindical*, p. 118-119.

nhecimento no nosso ordenamento jurídico dessas centrais sindicais como partes legítimas de representação sindical, as quais reúnem trabalhadores de diversas categorias, denominadas intercategorias.

Por outro lado, *Amauri Mascaro Nascimento,*[10] afirma que não há proibição de criação de centrais sindicais na Constituição Federal.

A título de ilustração, a Medida Provisória n. 293/2006 (DOU 9.5.06) reconheceu as centrais sindicais como entidades de representação geral dos trabalhadores, constituídas em âmbito nacional, mas com atribuições e prerrogativas restritas ao exercício da representação por meio das organizações sindicais a ela filiadas e à participação de negociações em espaços de diálogo social com composição tripartite. Contudo, a referida Medida Provisória não foi convertida em lei, perdendo, assim, a sua eficácia desde a sua edição.

Esse assunto referente às centrais sindicais será tratado em capítulo próprio da Representatividade Sindical, no qual também abordaremos as entidades sindicais de base, as federações e as confederações.

Contudo, antecipando-nos, faremos uma breve conceituação dessas entidades sindicais que formam a estrutura confederativa sindical.

A entidade de base, ou seja, o sindicato não possui uma conceituação na legislação trabalhista brasileira, havendo somente referências à licitude das associações de empregadores, empregados, agentes ou trabalhadores autônomos ou profissionais liberais, com objetivo de estudo, defesa e coordenação dos seus interesses econômicos ou profissionais (art. 511 da CLT) e às suas prerrogativas, como de: representar os interesses da respectiva categoria ou profissão liberal ou ainda os interesses individuais dos associados referentes à atividade ou profissão exercida, perante as autoridades administrativas e judiciárias; celebrar acordos e convenções coletivas de trabalho; impor contribuições a todos os que participam das categorias econômicas ou das profissões liberais representadas (art. 513 da CLT).

Assim, a doutrina trouxe uma série de conceituações de Sindicato, dentre as quais destacamos a de *José Cláudio Monteiro de Brito Filho*, que o define como "associação para fins de defesa e coordenação de interesses econômicos ou profissionais de empregadores ou de trabalhadores".[11]

---

(10) *Compêndio de direito sindical*, p. 206.

(11) *Direito sindical,* p. 121.

Já *Amauri Mascaro Nascimento* define o sindicato como um sujeito coletivo, justificando ser o mesmo uma organização destinada a representar interesses de um grupo, no âmbito das relações do trabalho.

O autor aponta ainda os traços em comum nas definições doutrinárias de sindicato:

a) Quanto a sua natureza: uma associação;

b) Quanto aos seus fins: a defesa e a tutela dos interesses coletivos profissionais, bem como "a defesa dos interesses dos associados e a regulamentação das condições de trabalho, ou a defesa dos interesses, a promoção da sua condição (de trabalhador) e a representação da sua profissão para a ação coletiva de contestação e de participação na organização das profissões".(12)

Trata-se, pois, o sindicato, de pessoa jurídica de direito privado, criado pela vontade de um grupo com interesses profissionais ou econômicos homogêneos, regulado pelo Estado quanto ao processo de criação e organização, com direitos, obrigações e responsabilidades.

As federação e confederação são entidades sindicais de segundo e terceiro grau, respectivamente, no sistema confederativo. Tem a federação a função de coordenação das atividades e interesses dos sindicatos profissionais ou econômicos que a congregam. Da mesma forma, confederação coordena os interesses das federações que representa.

O sindicato, a federação e confederação possuem a mesma natureza jurídica, qual seja, pessoa jurídica de direito privado.

Contudo, a federação, no que se refere à legitimidade para representar os seus associados numa negociação coletiva, atua de forma supletiva ou complementar, ou seja, apenas na ausência de sindicato representativo da categoria (art. 611 da CLT). Por sua vez, o mesmo ocorre com a confederação, que estará legitimada para defender os interesses de trabalhadores e empregadores, na ausência de sindicato e federação representativa da categoria.

2.3. UNICIDADE SINDICAL

A estrutura atual do sistema sindical brasileiro impede que haja mais de uma entidade representativa da mesma categoria econômica ou profissional, do seu respectivo grau, na mesma base territorial, esta correspondente à área mínima de um município para as entidades de base.

(12) *Compêndio sindical*, p. 215.

Dispõe o art. 8º, II, da Constituição Federal, que a associação profissional ou sindical é livre, sendo, contudo, " vedada a criação de mais de uma organização sindical, em qualquer grau, representativa de categoria profissional ou econômica, na mesma base territorial, que será definida pelos trabalhadores ou empregadores interessados, não podendo ser inferior à área de um Município".

Segundo *José Claudio Monteiro de Brito Filho*, as características da unicidade sindical são:

> "1) a representação de um grupo por uma única entidade sindical — na unicidade, qualquer integrante do grupo, qualquer que seja ele, só pode ser representado pela mesma organização sindical; 2) que isto ocorra dentro de determinada base, ou seja, região geográfica — que pode ser de qualquer tamanho, e 3) que isto ocorra por imposição do Estado, quer por um ato discricionário, quer por previsão do ordenamento jurídico".(13)

A Constituição Federal expressamente impossibilita a livre criação de sindicatos, fixando o critério da unicidade sindical, ou seja, é a regra do sindicato único na sua base territorial, no seu âmbito de representatividade, entendendo-se como tal o sindicato, federação e confederação.

Esse modelo da unicidade sindical opõe-se ao modelo da liberdade sindical, previsto na Convenção n. 87 da OIT, na qual pode coexistir mais de uma entidade sindical na mesma base territorial representando o mesmo grupo.

Mas, esclarece *Mauricio Godinho Delgado* que:

> "Isto não significa que o sistema de liberdade sindical plena (Convenção n. 87, OIT, por exemplo) não sustenta que a lei deva impor a pluralidade sindical. Sustenta, apenas, que não cabe à lei regular a estruturação e organização internas aos sindicatos, a quem caberá eleger, sozinhos, a melhor forma de se instituírem (podendo, em conseqüência, firmar a unidade organizacional e prática, como já mencionado)".(14)

---

(13) *Direito sindical*, p. 99.

(14) *Direito coletivo do trabalho*, p. 67.

Os doutrinadores distinguem unicidade sindical e unidade sindical. Em síntese, aquela decorre de determinação legal e esta da vontade dos interessados.

Assim sendo, chocam-se os conceitos de liberdade sindical e de unicidade sindical imposta pelo Estado. A unidade sindical decorrente da livre manifestação da vontade dos interessados, não derivada de imposição legal, pode perfeitamente harmonizar-se com os modelos democráticos de organização sindical. A premissa básica é que o sistema jurídico assegure a liberdade de associação em qualquer nível.

Dessa forma, não há como afirmar que o modelo pluralista ou unitarista seja melhor ou pior que o outro, sendo que o fator determinante do nível de democratização do sistema sindical é a efetiva liberdade que os interessados possuem em escolher o modelo de representatividade que querem seguir. Deve ser garantido aos interessados o direito de escolha.

Ensina *Amauri* que "a unidade não contraria o princípio da liberdade sindical; a liberdade pode ser usada para a unidade. A República Federativa da Alemanha é exemplo. É também o sistema da Inglaterra e da Suécia".(15)

Por outro lado, é possível também a coexistência da pluralidade restrita, em um determinado nível, com a unicidade em outro nível, segundo afirma o autor:

> "É o que o ocorre quando na cúpula existem diversas centrais sindicais; na categoria só é permitido um sindicato na mesma base territorial. Se em nível de empresa é proibido mais de um sindicato e na categoria pode haver mais de um, o sistema é misto, de unicidade, na empresa, e de pluralidade, na categoria. A pluralidade pode, teoricamente, configurar-se na categoria, na profissão e na empresa. Se, na mesma categoria e base territorial, há mais de um sindicato concorrente; se for assim, também, no âmbito da profissão; ou se é o que ocorre na esfera interna da empresa, haverá pluralidade".(16)

Resta-nos claro que a unicidade sindical configura um limite à liberdade sindical plena, favorecendo a criação e manutenção de

(15) *Compêndio de direito sindical*, p. 160.

(16) *Op. cit.*, p. 161.

entidades sindicais ilegítimas, também conhecidas no jargão popular de "sindicatos pelegos" e, conseqüentemente, geridas por dirigentes sindicais sem o devido comprometimento com a sua base de representados.

Arion Sayão Romita faz a sua crítica ao sistema da unicidade sindical:

> "O sindicato único brasileiro é produto do autoritarismo estadonovista. Seus vícios de origem perduram até hoje. O regime de monopólio sindical, entre nós, não reflete qualquer esforço das classes trabalhadoras no sentido de uma unificação consciente. O sindicato único, como se vê, não é um bem em si. A unidade dos trabalhadores deve representar uma conquista, ao invés de servir — como tem ocorrido — aos intuitos de dominação do sindicato pelo Estado".(17)

Contudo, existem críticas também ao sistema da pluralidade sindical, como aquelas apontadas por *Mozart Victor Russomano:*

> "a) a pluralidade quebra a unidade da classe operária; b) estimula a luta entre os sindicatos e, por extensão, entre seus dirigentes associados; c) a vaidade ou a ambição de seus líderes, quando feridas, levam à formação de sindicatos dissidentes numerosos e desnecessários; d) todos esses fatores contribuem para o enfraquecimento da luta operária e do próprio sindicato, representando, assim, um desvirtuamento histórico do sindicalismo; e) pressupõe, em certos momentos cruciais, a declaração da entidade mais representativa, de modo a que os sindicatos fiquem divididos em duas categorias, uns em detrimento dos outros, o que pode fazer com que os trabalhadores abandonem os sindicatos mais fracos, ingressem no sindicato poderoso, daí resultando, na prática, o sindicato único que se quer evitar".(18)

Um dos principais argumentos contrários à pluralidade ou em defesa da unidade refere-se ao possível fracionamento do sindica-

---

(17) *Os direito sociais na constituição e outros assuntos*, p. 228.
(18) *Princípios gerais de direito sindical*, p. 90.

lismo, o que levaria à sua fragilidade. Entendemos que esses pontos não são bases sólidas para servirem como críticas à pluralidade sindical.

A própria legislação atual possibilitou o desdobramento de categorias, gerando um aumento significativo dos respectivos sindicatos, criados sem a efetiva representatividade.(19)

A atividade econômica vem passando por uma série de mudanças para adequar-se ao mercado globalizado, concentrando o foco de atuação no seu *core business* ou negócio principal, repassando para terceiros as atividades periféricas. A terceirização dessas atividades é que gera a sub-divisão da categoria, na medida em que parte do processo produtivo é descentralizada e as respectivas mãos-de-obra poderão ser representadas por outros sindicatos de trabalhadores, diversos daquele que é o representante dos trabalhadores da empresa principal.

Esclarece *Amauri Mascaro Nascimento* que nessa situação, no sistema da unicidade sindical pode haver perda de representação por parte do sindicato principal:

> "Os sindicatos de trabalhadores ficam inertes diante do processo de descentralização do processo produtivo. Num sistema de liberdade sindical, com direito de escolha, pelos trabalhadores, do sindicato que os representará, esses efeitos são reduzidos ou neutralizados. Os trabalhadores podem votar pela manutenção do mesmo sindicato, essa escolha é proibida, porque a lei impede opções dos membros de uma categoria por outra e pela representação pelo sindicato desta".(20)

Por conseqüência, não há também como se atribuir à pluralidade sindical a alegada fragilidade dos sindicatos. A efetiva força dos sindicatos está relacionada com a sua legitimidade e capacidade de atuação e de mobilização em defesa dos direitos dos seus representados, independentemente do sistema de organização sindical, desde que preservada a premissa básica da liberdade de escolha do modelo: plúrimo ou unitário.

---

(19) NASCIMENTO, Amauri Mascaro. *Compêndio de direito sindical*, p. 166.

(20) *Op. cit.*, p. 167.

2.4. CATEGORIA

A estrutura sindical brasileira está organizada pelo princípio da categorização, ou seja, a união das pessoas em sindicato leva em consideração pontos em comum da atividade profissional ou econômica. Essa homogeneidade de interesses que unem as pessoas aos respectivos sindicatos pode-se denominar de categoria.

A legislação consolidada não traz um conceito jurídico de categoria, havendo referências e regras a esse respeito no art. 511 e seus parágrafos, *in verbis:*

> "Art. 511. É lícita a associação para fins de estudo, defesa e coordenação de seus interesses econômicos ou profissionais de todos os que, como empregadores, agentes ou trabalhadores autônomos, ou profissionais liberais, exerçam, respectivamente, a mesma atividade ou profissão ou atividades ou profissões similares ou conexas.
>
> § 1º A solidariedade de interesses econômicos dos que empreendem atividades idênticas, similares ou conexas, constitui o vínculo social básico que se domina categoria econômica.
>
> § 2º A similitude de condições de vida oriunda da profissão ou trabalho em comum, em situação de emprego na mesma atividade econômica ou em atividades econômicas similares ou conexas, compõe a expressão social elementar compreendida como categoria profissional.
>
> § 3º Categoria profissional diferenciada é a que se forma dos empregados que exerçam profissões ou função diferenciadas por força de estatuto profissional especial ou em conseqüência de condições de vida singulares.
>
> § 4º Os limites de identidade, similaridade ou conexidade fixam as dimensões dentro das quais a categoria econômica ou profissional é homogênea e a associação é natural."

Na definição de *Amauri Mascaro Nascimento*, "sindicato por categoria é o que representa os trabalhadores de empresas de um mesmo setor de atividade produtiva ou prestação de serviços. As empresas, do mesmo setor, por seu lado, formam a categoria econômica correspondente".[21]

Para *Sérgio Pinto Martins*, "categoria é o conjunto de pessoas que têm interesses profissionais ou econômicos em comum, decor-

---

(21) *Compêndio de direito sindical*, p. 172.

rentes de identidade de condições ligadas ao trabalho. A categoria envolve, portanto, a organização do grupo profissional ou econômico, segundo as determinações políticas do Estado".[22]

Conceitua *José Cláudio Monteiro de Brito Filho* a categoria como "o conjunto de pessoas que, por força de seu trabalho ou de sua atividade, possuem interesses comuns, formando um vínculo social básico".[23]

A Constituição Federal em seu art. 8º, incisos II, III e IV, estabelece expressamente que a organização sindical brasileira é feita sob o modelo de categorias, recepcionando as disposições da CLT a esse respeito. Contudo, há que se ressalvar que as disposições da legislação ordinária que estabelecem intervenção e interferência Estatal na organização dos sindicatos, dentro desse sistema de categoria e confederativo, não vigoram, de acordo com o disposto no art. 8º, inciso I, da Constituição Federal.

A sindicalização por categoria foi uma criação do Estado, dentro do modelo corporativista, com absorção do sistema italiano, como forma de interferir no movimento sindical. Para tanto, foi criado oficialmente o quadro das atividades e profissões, relacionado por categorias profissionais e econômicas, para o registro das associações profissionais e o enquadramento sindical (Decreto n. 2.381, de 9.7.40). Assim, para colocar em prática a interferência Estatal na organização sindical criou-se a Comissão de Enquadramento Sindical, órgão vinculado ao Ministério do Trabalho.

Contudo, como mencionamos anteriormente, com a Constituição Federal de 1988 o Estado não pode mais intervir e interferir na organização sindical, tendo sido extinta a referida Comissão de Enquadramento Sindical. A criação dos sindicatos não está mais condicionada ao aval do Estado, bastando apenas o seu registro no órgão competente, respeitando-se as regras do modelo de organização sindical adotado no nosso ordenamento jurídico. Cabe ao sindicato a definição da sua organização interna, dos seus estatutos sociais, sua base territorial, suas fontes de receitas, sua composição estrutural etc.

Na visão de *Amauri Mascaro Nascimento* sobre a mudança advinda com o texto constitucional, "O sindicato não é mais decor-

(22) *Direito do trabalho*, p. 615.
(23) *Direito sindical*, p. 107.

rência de uma categoria. O modelo brasileiro que era, nesse ponto, fechado tornou-se aberto. A única exigência constitucional é o registro no órgão competente e a única restrição é a observância do princípio do sindicato único; nenhuma das duas permite concluir que o enquadramento sindical continua em vigor".(24)

A regra geral adotada no Brasil é a da sindicalização vertical por atividade, também conhecida como sindicatos verticais, no sentido de que todos os profissionais são agrupados pelo setor da atividade econômica em que trabalham. É o oposto da sindicalização horizontal ou sindicatos horizontais, onde o que se leva em conta é o agrupamento decorrente da profissão exercida independentemente do setor econômico.

Não obstante muitas categorias profissionais organizaram-se em sindicatos representativos da suas funções específicas, denominadas categorias diferenciadas, nas quais prepondera a profissão e não a atividade econômica, como é o caso, por exemplo, dos aeronautas, jornalistas profissionais, telefonistas, professores, publicitários, secretárias, técnicos em segurança do trabalho, vendedores viajantes, entre outras.

Contrapondo à sindicalização por categoria encontra-se a sindicalização por empresa, na qual o sindicato representará os trabalhadores no âmbito de seu local de trabalho, ou seja, na empresa. É possível que tais sindicatos estejam articulados com sindicatos de categorias ou setores econômicos, contudo, atuarão em nome próprio, preservando-se a sua individualidade de representação dos trabalhadores daquela empresa. Trata-se de um modelo que favorece a aproximação dos sindicatos das suas bases, possibilitando implementar negociações coletivas visando à celebração de acordos coletivos de trabalho que contemplem os efetivos interesses dos seus representados e a realidade da empresa.

Renato Rua de Almeida, ao tecer sua crítica ao modelo de organização sindical baseado na representação por categoria, afirma que "é preciso que a atividade ou a ação sindical não represente a categoria, por ser um todo indefinido, mas sim os interesses coletivos dos trabalhadores identificados".(25)

---

(24) *Compêndio de direito sindical*, p. 177.

(25) "O moderno direito do trabalho e a empresa: negociação coletiva, representação dos empregados, direito à informação, participação nos lucros e regulamento interno", *Revista LTr*, 62-01/37, 1998.

A eficácia da negociação coletiva por categoria fica comprometida ao nível de empresa, cujos representados desaparecem na multidão dos não-identificados da categoria, faltando-lhe objetividade para a eficácia da solução de conflitos coletivos do trabalho nesse âmbito.

Cremos que o importante numa economia de mercado globalizada e num Estado Democrático de Direito é a efetiva liberdade que os atores sociais têm de escolher o sistema sindical que melhor represente as suas realidades e seus interesses e anseios, seja pela representação homogênea por categoria (profissão ou atividade), seja pela representação heterogênea por conveniência das partes, como ocorre nos Estados Unidos da América, em que os trabalhadores de uma empresa podem escolher livremente qualquer sindicato para representá-los, desde que surja de forma espontânea. A sindicalização obrigatória por categoria impõe restrição à liberdade de organização das entidades sindicais e de filiação dos trabalhadores.

2.5. CONTRIBUIÇÕES SINDICAIS

Dentre as funções atribuídas aos sindicatos está a função arrecadadora ou econômica, que consiste em impor contribuições a todos que participam das categorias econômicas ou profissionais ou das profissões liberais representadas, nos termos do disposto no art. 513, *e*, da CLT, com o objetivo de satisfazer às suas necessidades para exercício das suas atividades de representação sindical.

A Constituição Federal, art. 8º, IV, estabeleceu que independentemente da contribuição prevista em lei, a assembléia-geral poderá fixar a contribuição para o custeio do sistema confederativo da representação sindical. Assim, o texto constitucional ampliou expressamente a fonte de arrecadação de receitas pelos sindicatos.

O nosso ordenamento jurídico prevê quatro espécies de contribuições aos sindicatos: a contribuição sindical propriamente dita, a contribuição confederativa, a contribuição assistencial e as mensalidades associativas.

O antigo imposto sindical previsto desde a implantação do sistema corporativista sindical no Brasil foi redenominado posteriormente pelo Decreto-Lei n. 27, de 14.11.66, para contribuição sindical, a qual prevalece até o presente momento.

A referida contribuição possui natureza eminentemente tributária e de parafiscalidade, estando regulada nos arts. 580 e seguintes da CLT. Consiste num pagamento anual correspondente a um dia de salário (desconto em março) dos empregados, num valor progressivo para os empregadores, de acordo com uma tabela de capital social da empresa (janeiro) e um percentual fixo para os profissionais liberais. Ressalte-se que se trata de uma contribuição compulsória, devida automaticamente por todos os que participem da categoria profissional ou econômica, recolhida em favor do sindicato representativo.

A contribuição sindical, como dito anteriormente, foi recepcionada pela Carta Magna de 1988, contudo, é alvo de acirradas e justas críticas considerando a sua contrariedade aos princípios consagrados no próprio texto da Constituição federal, o da liberdade de associação e da autonomia das entidades sindicais, sem intervenção e interferência Estatal.

A título de ilustração, em 1990 houve a edição das Medidas Provisórias de ns. 236, 258 e 275, na quais se pretendeu extinguir a contribuição sindical, contudo, não foram convertidas em lei.

Note-se que uma vez mantidos os dispositivos legais consolidados que regulam a contribuição sindical, permanece a destinação dos créditos de acordo com o que prevê o art. 589 da CLT, *in verbis*:

> "Art. 589. Da importância da arrecadação da contribuição sindical serão feitos os seguintes créditos pela Caixa Econômica Federal, na forma das instruções que forem expedidas pelo Ministro do Trabalho:
>
> I — 5% (cinco por cento) para a Confederação correspondente;
>
> II — 15% (quinze por cento) para a Federação;
>
> III — 60% (sessenta por cento) para o sindicato respectivo;
>
> IV — 20% (vinte por cento) para a "Conta Especial Emprego e Salário"."

Dessa forma, tem-se o que se pode chamar de "corporativismo fora do Estado", permanecendo a imposição da contribuição sindical legal obrigatória, criada no sindicalismo sob a tutela Estatal, contraditoriamente num modelo de organização sindical em que se garante a liberdade e a autonomia dos sindicatos, sem essa ingerência externa, bem como a liberdade de filiação, inclusive a liberdade negativa de não se filiar. São institutos incompatíveis: a ampla liberdade sindical pressupõe um modelo efetivamente democrático de sindicalismo.

A contribuição confederativa está amparada pelo disposto no art. 8º, IV, da Carta Magna, cabendo à assembléia geral fixá-la, com o objetivo de custear o sistema confederativo, do qual os sindicatos são partes integrantes.

A assembléia geral do sindicato profissional ou econômico é que irá estabelecer a referida contribuição, o valor e a forma de recolhimento.

Havia uma certa polêmica na doutrina acerca da incidência da contribuição confederativa para os não-associados ao sindicato e mesmo a respeito da auto-exigibilidade da mesma, quando da promulgação da Carta Magna.

O Supremo Tribunal Federal posicionou-se no sentido de que a referida contribuição prevista no art. 8º, IV, da Constituição Federal, é auto-aplicável, sendo, entretanto, exigível apenas dos associados ao sindicato. Dispõe a Súmula n. 666 do STF:

> "A contribuição confederativa de que trata o art. 8º, IV, da Constituição, só é exigível dos filiados ao sindicato respectivo".

Há vários julgados do STF no sentido de que a contribuição em análise somente aplica-se aos associados ao sindicato.

> "Ementa: Constitucional. Sindicato. Caráter não tributário. Não compulsoriedade. Empregados não sindicalizados: impossibilidade do desconto. CF art. 8º, IV. 1 — A contribuição confederativa, instituída pela assembléia geral — CF art. 8º IV — distingue-se da contribuição sindical, instituída por lei, com caráter tributário — CF art. 149 — assim compulsória. A primeira é compulsória apenas para os filiados do sindicato. 2 — RE não conhecido (STF 2ª T. RE n. 198.092-3/SP, j. 27.8.96, Rel. Min. Carlos Velloso, DJU I 6.10.96, p. 38.50)".(26)
>
> "Ementa: Contribuição Confederativa. Art. 8º, IV, da Constituição. Trata-se de encargo que, por despido de caráter tributário, não sujeita senão os filiados da entidade de representação profissional.

(26) *Revista LTr*, 60-12/1996, p. 1.632.

> Interpretação que, de resto, está em consonância com o princípio da liberdade sindical, consagrado na Carta da República." (Ac. STF, RE n. 189.443-1, Rel. Ilmar Galvão, *in* DJU 11.4.97, p. 12.208)".[27]

Por sua vez, a jurisprudência nas Cortes Trabalhistas também se posicionou sobre a compulsoriedade da contribuição confederativa apenas para os empregados associados à entidade sindical. O Tribunal Superior do Trabalho em seu Precedente Normativo n. 119 definiu que:

> "Contribuições Sindicais — Inobservância de Preceitos Constitucionais. A Constituição da República, em seus arts. 5º, XX e 8º, V, assegura o direito de livre associação e sindicalização. É ofensiva a essa modalidade de liberdade cláusula constante de acordo, convenção coletiva ou sentença normativa estabelecendo contribuição em favor de entidade sindical a título de taxa para custeio do sistema confederativo, assistencial, revigoramento ou fortalecimento sindical e outras da mesma espécie, obrigando trabalhadores não sindicalizados. Sendo nulas as estipulações que inobservem tal restrição, tornam-se passíveis de devolução os valores irregularmente descontados".

Para *José Cláudio Monteiro de Brito Filho*, a contribuição confederativa é devida somente pelos associados "visto que a liberdade sindical individual, prevista no art. 8º, IV, da CF/88, ao trazer a liberdade de não-filiação, trouxe, também a liberdade de não-contribuição em relação às que forem objeto de deliberação interna das entidades sindicais".[28]

Nesse mesmo sentido é o posicionamento de *Sérgio Pinto Martins:*

> "A contribuição confederativa somente pode ser dos filiados ao sindicato e não em relação aos não-associados, pois há liberdade negativa da pessoa de não filiar-se ao sindicato (art. 8º, IV, da Lei Maior), que somente pode exigir contribuições das pessoas a ele sindicalizadas. O empregado poderá se opor à cobrança da contribuição confederativa, não estando o empregador autorizado a descontar do trabalhador a referida contribuição, a não ser que o obreiro o permita".[29]

---

(27) CARRION, Valentim. *Comentários à Consolidação das Leis do Trabalho*, p. 432.

(28) *Direito sindical*, p. 155.

(29) *Direito sindical brasileiro*, p. 365-366.

Por outro lado, a respeito da aplicação ou não da contribuição para o sistema confederativo aos não-associados, *Amauri Mascaro Nascimento* ensina que "esse sistema abrange toda a categoria e não, apenas, os sócios do sindicato. Portanto, tendo em vista a sua finalidade, a contribuição confederativa é devida por todo membro da categoria integrante do sistema confederativo e não, apenas, o sócios".[30]

Com o objetivo de orientar empregadores, sindicatos e trabalhadores acerca do procedimento para recolhimento das contribuições instituídas pelas entidades sindicais, o Ministério do Trabalho e Emprego editou a Portaria n. 160, de 13.4.04, estabelecendo que as contribuições confederativas e assistenciais são devidas apenas pelos empregados associados aos sindicatos e para os não "sindicalizados", o desconto em folha de pagamento somente poderá ser efetuado mediante prévia e expressa autorização dos mesmos.

Contudo, a referida portaria teve a sua eficácia suspensa até 30.5.05 pela Portaria do mesmo órgão n. 180, de 30.4.04, sob a justificativa de que as centrais sindicais assumiram o compromisso no sentido de "orientarem os sindicatos para observarem o princípio da razoabilidade ao estabelecerem os valores correspondentes à contribuição confederativa e à contribuição assistencial".

Note-se que nas idas e vindas do Ministério do Trabalho na tentativa de disciplinar a matéria, acabou por ceder às pressões das centrais sindicais, entidades estas que não fazem parte do nosso sistema confederativo sindical, retornando à situação anterior.

Recentemente, mais precisamente em abril de 2005, o STF declarou a inconstitucionalidade formal da referida Portaria n. 160/04, do Ministério do Trabalho e Emprego, no julgamento da Ação Direta de Inconstitucionalidade (ADI) n. 3.206, por entender que o Ministro do Trabalho extrapolou sua competência ao tentar normatizar essa matéria.

No que se refere às contribuições assistenciais, estas são fixadas, em regra, nos instrumentos negociais coletivos e até mesmo em sentenças normativas, tendo como fundamento o art. 513, *e*, da CLT, com o objetivo de custear as atividades de representação dos sindicatos nas negociações coletivas de trabalho, bem como nas prestações sociais e assistenciais.

(30) *Compêndio de direito sindical*, p. 232.

Aplica-se à referida contribuição os comentários que discorremos sobre a contribuição confederativa no que tange a sua aplicabilidade aos não associados.

Para *Mauricio Godinho Delgado* há uma "tendência jurisprudencial do TST de restringir as modalidades compulsórias de financiamento do sindicato, que se estendam a toda categoria e não apenas aos sindicalizados, somente à velha contribuição sindical imperativa do texto da CLT".[31]

As mensalidades sindicais ou associativas são devidas pelos sócios do sindicato, cuja associação é voluntária, observando-se quanto à forma de pagamento as disposições do estatuto social e assembléias gerais deliberativas.

(31) *Direito coletivo do trabalho*, p. 79.

3. REPRESENTATIVIDADE SINDICAL

3.1. REPRESENTAÇÃO E REPRESENTATIVIDADE

Uma das principais funções dos sindicatos é a de representação da sua categoria, na defesa de seus interesses não apenas no âmbito das relações de trabalho, mas também no nível social mais amplo.[1]

A função representativa dos sindicatos situa-se nas diversas áreas: privada (sindicato representando os trabalhadores da categoria perante os empregadores), administrativa (sindicato relacionando-se com o Estado), pública (sindicato dialogando com a sociedade civil) e judicial (sindicato defendendo a sua categoria e filiados pelos meios processuais).

Por representação pode-se entender o ato de ter alguém, atuando em nome de outrem, com poderes para defender os seus interesses.

Octavio Bueno Magano[2] classifica a representação em: voluntária e legal. Aquela decorre da vontade do representado em investir o representante com poderes de decisão em nome daquele, perante terceiros. A representação legal, decorrente de outorga pelo Estado.

O autor rechaça a idéia de representação sindical voluntária, por inexistir correspondência entre a atuação do sindicato e a vontade individual dos trabalhadores representados, bem como porque os efeitos da sua atuação ultrapassam os interesses dos representados, repercutindo entre as próprias entidades sindicais (cláusulas obrigacionais). E afirma que:

> "Quanto à representação legal, não há dificuldades em a admitir nos sistemas jurídicos em que os trabalhadores constituem categorias organizadas pelo Estado, como sucedia nos

---

(1) DELGADO, Mauricio Godinho. *Op. cit.*, p. 75.

(2) *Direito coletivo do trabalho*, p. 137-138.

países corporativistas e de certa forma, ainda ocorre no Brasil. Em tais sistemas a categoria é a base sobre a qual se constrói a estrutura sindical. Conquanto não seja equiparada a uma pessoa jurídica, realça-se como sujeito de direito, a que se atribuem prerrogativas e deveres".[(3)]

Contudo, a representação sindical não se confunde com a representatividade sindical. A representação está relacionada com a legalidade, ou seja, representação legal, enquanto que a representatividade diz respeito à legitimidade, isto é, ao legítimo poder de representatividade coletiva.

Essa diferenciação fica mais perceptível nos sistemas de organização sindical em que se adota a unicidade sindical, como é o nosso caso, na medida em que a imposição de um modelo único de representação sindical aumenta a distância entre a prática dos conceitos de representação e representatividade, contrariamente ao que ocorre nos sistemas de unidade espontânea ou pluralidade.[(4)]

Quanto à natureza jurídica da representação sindical, predomina a teoria contratual, conforme afirma *Amauri Mascaro Nascimento:*

> "A representação sindical é, segundo os postulados defendidos por essa concepção, de natureza contratual. O sindicato é o resultado do acordo de vontades daqueles que o instituem. É um agrupamento voluntário, como as sociedades e as associações, nascido da troca de consentimentos constitutivos dos interessados. Como tal, os acordos coletivos são restritos aos filiados ao sindicato e a sua aplicação aos não filiados depende de mecanismos de adesão ou de extensão".[(5)]

Há divergência doutrinária quanto à natureza jurídica do tipo de contrato coletivo que instrumentaliza a vinculação entre os representados e o sindicato que os representa. A teoria majoritária (teoria mista) defende o entendimento de que a convenção e o acordo coletivos têm dupla natureza: contratual (acordo de vontade entre as partes e vinculação dos pactuantes) e normativa (abrange a todos os representados com aplicação nos contratos individuais de trabalho).

(3) *Op. cit.*, p. 139.

(4) NASCIMENTO, Amauri Mascaro. *Compêndio de direito sindical*, p. 184.

(5) *Op. cit.*, p. 185.

Da distinção doutrinária entre os conceitos de representação e representatividade, fica claro que o princípio da liberdade sindical tem a sua correspondência com a efetiva representatividade das entidades sindicais na tutela coletiva dos interesses de seus filiados e representados, legitimando-as nas negociações coletivas, com o exercício eficaz da autonomia privada coletiva. Trata-se, pois, a representatividade sindical, de um processo de amadurecimento e de evolução das relações sindicais na sociedade moderna e democrática.

3.2. REPRESENTAÇÃO NA CONSTITUIÇÃO FEDERAL DE 1988

Não obstante as críticas ao atual sistema sindical brasileiro, a Constituição Federal de 1988 deu início à fase de transição do modelo corporativista para o mais democrático, porém, sem que esse processo de democratização do sistema sindical fosse concluído.(6)

Como mencionamos anteriormente, com a Carta Magna houve avanços significativos no que se refere à não intervenção e interferência do Estado na organização e administração do sindicato (art. 8º, I, CF/88), ao papel de representação da categoria atribuído aos sindicatos, na defesa dos direitos e interesses individuais ou coletivos (art. 8º, III, CF/88), bem como no efetivo reconhecimento e prestígio da negociação coletiva como instrumento legítimo da autocomposição na esfera trabalhista (art. 7º, VI, XIII, XIV e XXVI, e art. 8º, VI, ambos da CF/88).

Em seu art. 8º, III, da Carta Magna, fica expressamente estabelecido que cabe ao sindicato a representação de suas bases da categoria.

> "Art. 8º *(Omissis)*
>
> (...)
>
> III — ao sindicato cabe a defesa dos direitos e interesses coletivos ou individuais da categoria, inclusive em questões judiciais ou administrativas;"

Essa função representativa do sindicato engloba tanto o nível privado, representando os trabalhadores nas discussões com os empregadores, quanto o nível judicial de defesa dos interesses da categoria.

---

(6) DELGADO, Mauricio Godinho. *Op. cit.*, p. 68.

Referindo-se ao art. 8º da Constituição Federal, *Arnaldo Süssekind* comenta que:

> "Tais disposições se sintonizam com o comando do art. 513 da CLT, segundo o qual incumbe ao sindicato representar os interesses gerais da categoria perante as autoridades administrativas e judiciárias (alínea *a*) e, em seu nome, celebrar convenções coletivas de trabalho (alínea *b*) e suscitar dissídio coletivo (art. 857 da CLT). A nova Constituição apenas substituiu a representação dos 'interesses individuais dos associados relativos à atividade ou profissão exercida' pela representação dos interesses 'individuais da categoria'."(7)

Conclui o autor que o sindicato é o representante legal da respectiva categoria, na sua base territorial, nas relações coletivas do trabalho, tratando, porém, "de uma representação *sui generis*, porque a categoria não tem personalidade jurídica".(8)

De fato, a representação sindical abrange a todos os membros da correspondente categoria, independentemente de serem associados, ou seja, os benefícios e direitos conquistados pelo sindicato constantes de instrumentos negociais coletivos contemplam todos os trabalhadores que integram ou que venham a integrar a categoria profissional, o mesmo ocorrendo com a representação sindical da categoria econômica.

Decorrente dessa prerrogativa de representação é a função negocial dos sindicatos, atribuída de forma exclusiva aos mesmos, pelo art. 8º, VI, da Constituição Federal.

> "Art. 8º *(Omissis)*
>
> (...)
>
> VI — é obrigatória a participação dos sindicatos nas negociações coletivas de trabalho;"

As entidades sindicais são os representantes oficiais dos trabalhadores, com participação obrigatória nas negociações coletivas de trabalho, visando à solução de conflitos coletivos, mediante

---

(7) *Instituições de direito do trabalho*, p. 1.134.

(8) *Op. cit.*, p. 1.135.

a celebração de documentos coletivos de trabalho, que conterão as normas jurídicas que disciplinarão as relações de trabalho nas suas bases representadas.

A função negocial ou regulamentar é prerrogativa exclusiva dos sindicatos, salvo quando a categoria não estiver organizada, quando atuará a federação e, na ausência desta, a confederação.

Alguns estudiosos do direito coletivo do trabalho chegam a rotular essa presença obrigatória dos sindicatos nas negociações coletivas de trabalho como um "monopólio sindical" ou "monopólio de representação sindical". Cremos que esse termo, antes de ser crítico, é por demais discriminatório e preconceituoso, na medida em que o foco principal das críticas deva ser o próprio modelo adotado pela Constituição Federal para o sistema sindical brasileiro, de liberdade inegavelmente restrita com características ainda corporativistas, sendo que a representação dos trabalhadores exercida exclusivamente pelos sindicatos é apenas uma decorrência.

A representatividade dos sindicatos é que deve ser questionada no atual sistema de unicidade sindical em detrimento da sua representação puramente legal, tendo em vista a sua enorme importância como um dos principais atores na criação de regras justrabalhistas, fontes formais do Direito do Trabalho.

3.2.1. Liberdade sindical

Os sistemas sindicais devem ter como princípio basilar para a sua organização democrática a liberdade sindical, entendendo-se como tal a liberdade sindical coletiva, a liberdade sindical individual e a autonomia sindical.

A liberdade sindical caracteriza-se como o reconhecimento pelo ordenamento jurídico do direito de associação sindical.(9)

A liberdade sindical está inserida na Convenção n. 87 da Organização Internacional do Trabalho — OIT, que entrou em vigor no âmbito internacional em 1950, cujo art. 2º dispõe que:

> "Art. 2º Os trabalhadores e os empregadores, sem distinção de qualquer espécie, terão direito de constituir, sem autorização prévia, organizações de sua escolha, bem como o direito de se filiar a essas organizações, sob a única condição de se conformar com os estatutos das mesmas."

---

(9) NASCIMENTO, Amauri Mascaro. *Compêndio de direito sindical*, p. 139.

Muito embora a Constituição Federal de 1988, em seu art. 8º, *caput*, tenha previsto que "é livre a associação profissional ou sindical", de fato essa liberdade não restou consagrada, como bem salientou *Arnaldo Süssekind:*

> "A Assembléia Constituinte brasileira de 1988, apesar de ter cantado em prosa e verso que asseguraria a liberdade sindical, na verdade a violou, seja ao impor o monopólio de representação sindical e impedir a estruturação do sindicato conforme a vontade do grupo de trabalhadores ou de empresários, seja ao obrigar os não associados a contribuir para a associação representativa de sua categoria".(10)

A organização sindical brasileira é preestabelecida pelo Estado no modelo fechado, não espontâneo, de unicidade de representação sindical em todos os níveis e de contribuição obrigatória dos integrantes das categorias econômicas e profissionais para o custeio do sistema sindical. Em razão disto, não é possível ao Brasil ratificar a mencionada Convenção da OIT, que não impõe a pluralidade sindical, mas exige que a ordem jurídica interna do país assegure a autonomia dos grupos em constituir os sindicatos e definir os critérios de organização sindical que desejarem.

Não se trata a liberdade sindical de ser um direito absoluto, mas sujeita-se a algumas limitações, como as das próprias normas coletivas do trabalho, que podem tornar injustificadas as restrições quando impedem o direito de trabalho, como ocorre com determinadas cláusulas de instrumentos coletivos de trabalho, quando inibem a sindicalização dos trabalhadores (ex.: *closed shop*), ou do ordenamento jurídico de direito interno, com leis que podem incentivar a ou impedir a discriminação dos trabalhadores sindicalizados (ex.: Espanha). Outras limitações são do direito internacional, com resoluções da OIT que desestimulam as atuações com fins políticos pelas entidades sindicais.(11)

A liberdade sindical pode ser tradicionalmente classificada em vista o indivíduo, o grupo profissional e a sua relação com o Estado.(12)

---

(10) *Instituições de direito do trabalho*, p. 1.108.

(11) NASCIMENTO, Amauri Mascaro. *Op. cit.*, p. 145-146.

(12) RUPRECHT, Alfredo J. *Relações coletivas de trabalho*, p. 78.

Assim, analisada no âmbito da relação entre o sindicato e os seus filiados, devendo haver um equilíbrio entre o poder do sindicato para a defesa dos interesses dos seus representados e o direito individual dos mesmos.

Há também a perspectiva da liberdade de adesão ou filiação sindical, inclusive a liberdade negativa de desfiliação de um sindicato, envolvendo ainda o direito de não filiação a uma entidade sindical. É a liberdade sindical individual. Não obstante haja a garantia de liberdade de filiação no Brasil, essa "liberdade" é praticamente inócua, pois vigora o sistema organizativo de representação automática e compulsória dos trabalhadores por um único sindicato na respectiva categoria e base territorial, ou seja, ainda que o trabalhador não se associe ao sindicato, este irá representá-lo.

Para *Alfredo J. Ruprecht*,(13) a liberdade sindical coletiva compreende a autonomia orgânica e a autonomia de ação. Aquela diz respeito à autonomia da entidade sindical em organizar e gerir a sua estrutura interna, sem interferências de terceiros, enquanto que esta refere-se à sua capacidade operacional coletiva para atingir os seus fins.

A relação entre a liberdade sindical e o Estado deve ser considerada principalmente no que se refere às restrições impostas a determinados grupos de trabalhadores e a organizações internacionais. A Convenção n. 98 da OIT, que trata do Direito de Sindicalização e de Negociação Coletiva, não traz restrições nesse sentido.

Entretanto, essa liberdade não se confunde com soberania sindical, devendo a entidade ter a autonomia plena na busca da sua finalidade, dentro dos limites da legalidade e da legitimidade.

Assim, para a prevalência da plena liberdade sindical num sistema sindical, nas mais variadas inter-relações e significados dessa expressão, o ordenamento jurídico deve assegurar o direito de instituição de uma entidade sindical, de qualquer nível ou tipo, decorrente da autonomia da vontade dos interessados, de forma livre, espontânea e sem qualquer interferência do Estado. Quanto mais a união dos interessados se der pela livre opção dos mesmos, mais democrática e legítima será a entidade sindical que os representará. Como conseqüência, o exercício da função negocial pelo sindicato, nessas condições, terá maiores possibilidades de êxito.

---

(13) *Op. cit.*, p. 80-81.

3.2.2. Representação dos trabalhadores nas empresas

A representação dos trabalhadores pode assumir variadas formas, dependendo do ordenamento jurídico e do modelo adotado no País. Assim, a representação dos trabalhadores num plano geral pode ser classificada como: voluntária ou legal, individual ou coletiva, física ou jurídica e sindical ou não-sindical.

Especificamente sobre a representação dos trabalhadores nas empresas, a Convenção n. 135 da OIT em sua definição inclui tanto os representantes sindicais, nomeados ou eleitos pelos sindicatos ou seus membros, quanto os não-sindicais, eleitos diretamente pelos trabalhadores, sem qualquer vinculação direta com entidade sindical. A referida Convenção foi ratificada pelo Brasil e registrada em 18 de maio de 1990.

Nessa linha, *José Cláudio Monteiro de Brito Filho* define representante dos trabalhadores como "toda pessoa física ou jurídica, ou órgão sem personalidade jurídica, que, em virtude de permissivo, expresso ou não, do ordenamento jurídico, tenha a função de representar os trabalhadores, independentemente da forma de representação; da amplitude de seus poderes e da entidade perante a qual o mister será exercido".(14)

Em geral, a representação dos trabalhadores nos locais de trabalho não é dotada de personalidade jurídica, ainda que seja órgão colegiado. A vontade dos trabalhadores é a base da sua constituição e os estatutos regem a sua organização e os poderes investidos pelos representantes. Trata-se de uma representação unilateral, cujo objetivo é a participação dos trabalhadores na vida da empresa, tornando-se um canal de diálogo e parceria.(15)

Porém, a presença da representação dos trabalhadores nas empresas nem sempre é pacífica, podendo haver uma convivência conflitiva, com resistências por parte dos empresários, principalmente nos casos em que esses representantes afastam-se dos interesses comuns dos trabalhadores e buscam interferir no poder diretivo da empresa. Podem ocorrer também conflitos decorrentes da cultura organizacional da empresa, extremamente centralizadora e sem transparência na sua gestão, contrária a qualquer espé-

(14) *Direito sindical*, p. 349.

(15) NASCIMENTO, Amauri Mascaro. *Compêndio de direito sindical*, p. 243.

cie de associação de trabalhadores inserida no seu estabelecimento, que possa representar algum tipo de ameaça ao seu poder empresarial.

Funda-se a representação dos trabalhadores na empresa no direito de associação dos trabalhadores em órgãos de representação, no seu direito de participação e no conceito social de empresa.

Essa representação dos trabalhadores não configura oposição ao sindicato e com este não se confunde. Como dito anteriormente, esse órgão de representação não decorre necessariamente de uma extensão da atuação sindical, podendo ser autônoma e independente do sindicato. Ainda que haja a possibilidade de eventuais sobreposições de interesses, esse canal de diálogo direto entre trabalhadores e empregadores torna-se ainda mais importante nos sistemas organizativos sindicais em que há o distanciamento entre os empregados, na sua base de trabalho, e os dirigentes sindicais, como é o caso do Brasil. A categorização, a unicidade sindical e a contribuição compulsória acabam por criar um "nível confortável" para uma atuação não particularizada das entidades sindicais junto às empresas.

As organizações de trabalhadores nos locais de trabalho datam de épocas remotas, como as Comissões Internas na Itália, em 1906, as comissões de trabalhadores para a co-gestão nas empresas na Alemanha, em 1891, os Conselhos de Usina na França, em 1885, os Comitês de Salário Mínimo na Inglaterra, em 1909 e os Conselhos de Cooperação Industrial na Espanha, em 1922.[16]

No Brasil, dentre as espécies de representação não-sindical dos trabalhadores nas empresas, podemos citar os exemplos clássicos como: as comissões de empresa, os delegados de pessoal, os membros representantes dos empregados na CIPA. Embora quanto a estas comissões existam divergências doutrinárias por se tratarem de um órgão paritário o que, segundo alguns autores,[17] as transformariam em meros órgãos de colaboração como empregador, descaracterizando-as como típica instituição de representação dos trabalhadores.

Em relação ao delegado de pessoal, temos o art. 11 da Constituição Federal que dispõe, *in verbis*:

(16) NASCIMENTO, Amauri Mascaro. *Op. cit.*, p. 242.

(17) AROUCA, José Carlos. *Repensando o sindicato*, p. 396.

> "Art. 11. Nas empresas de mais de duzentos empregados é assegurada a eleição de um representante deste com a finalidade exclusiva de promover-lhes o entendimento direto com os empregadores."

Trata-se, pois, de uma representação não-sindical, cujo representante desvincula-se totalmente da entidade sindical representativa dos empregados na empresa, como objetivo de promover o entendimento dos empregados diretamente com os empregadores.

Quanto às atribuições desse representante dos trabalhadores, os doutrinadores divergem. Alguns autores entendem que a atuação desse delegado de pessoal abrange a solução de conflitos individuais e coletivos e outros defendem que se restringe à defesa de interesses individuais, ainda que referente a um grupo de trabalhadores.(18)

José Carlos Arouca(19) assevera que quando se tratar de interesses coletivos, o representante deverá promover o entendimento em conjunto com o sindicato, caso contrário a sua atuação será limitada ao âmbito individual das relações do trabalho.

Muito embora o texto constitucional faça menção expressa à eleição de um representante dos trabalhadores "nas empresas com mais de 200 empregados", numa interpretação prospectiva deve-se entender que se trata de representação por unidade produtiva ou por estabelecimento, considerando as possíveis distinções de realidades entre os estabelecimentos de uma mesma empresa, facilitando assim a atuação do representante dos respectivos trabalhadores nos entendimentos diretos com o empregador.

Acerca da eficácia do referido dispositivo constitucional ainda não há um posicionamento pacífico na doutrina, prevalecendo, no entanto, a tese da eficácia plena ou da auto-aplicabilidade. Mesmo assim, concordam os autores que seria conveniente que a legislação supra-constitucional disciplinasse alguns aspectos mínimos dessa representação, como as atribuições, mandato e garantia contra dispensa arbitrária ou sem justa causa.

Independentemente das divergências doutrinárias, de fato essa figura do representante de pessoal ou representante singular decorrente da Carta Magna não tem sido praticada pela grande maioria das empresas no Brasil. O que se vê é que a representação dos

---

(18) BRITO FILHO, José Claudio Monteiro de. *Direito sindical*, p. 370 e 371.

(19) *Repensando o sindicato*, p. 397.

trabalhadores organizada nas empresas, notadamente nas pertencentes a grandes grupos econômicos, decorre muito mais dos entendimentos entre empregados e empregadores, traduzidos muitas vezes em normas coletivas do trabalho, do que da expressão legal.

A respeito dos instrumentos jurídicos do Direito do Trabalho para a regulação da relação de emprego no contexto da empresa moderna (teoria da empresa), *Renato Rua de Almeida* ressalta a importância do papel das representações dos empregados nos locais de trabalho, complementarmente à representação sindical, "nos termos da Convenção n. 135 da OIT, já ratificada pelo Brasil, de modo que a realidade da empresa seja melhor vivenciada nas reivindicações que servirão de base para a negociação coletiva".[20]

A representação dos trabalhadores nos locais de trabalho deve ser entendida como um canal legítimo e efetivo de diálogos visando ao entendimento imediato entre os empregados da unidade produtiva e o empregador. É o exercício da liberdade de negociação coletiva, consagrada na Convenção OIT n. 98, pelo modelo da representação dos empregados na empresa, previsto na Convenção OIT n. 135.

3.3. EXERCÍCIO DA REPRESENTAÇÃO SINDICAL

O modelo de organização sindical brasileira tem como principal ator social o sindicato, como entidade única e obrigatória, com poderes de representação sobre todos os integrantes da categoria correspondente, trabalhadores ou empresários, e, ainda, com a autorização de cobrança de contribuição obrigatória a todos os seus representados.

Trata-se, pois, da unicidade sindical e da representação por categoria, previstas no art. 8º, II e IV, da Constituição Federal, afrontando o princípio universal de liberdade sindical, consagrado pela Convenção n. 87 da OIT, com a imposição de um único sindicato por categoria, impossibilitando que os próprios interessados, trabalhadores, empresários, autônomos, escolhessem e estruturassem os sindicatos da forma que mais atendesse aos seus interesses e necessidades.

(20) "A teoria da empresa e a regulação da relação de emprego no contexto da empresa", *Revista LTr*, 69- 05/578, 2005.

Assim, passaremos a analisar os componentes do exercício da representação sindical, iniciando o estudo mais detalhado pelas entidades sindicais, sujeitos dessa prerrogativa, sua terminologia e conceito, sua natureza jurídica e as centrais sindicais, em seguida abordaremos a autonomia privada coletiva, como fundamento da negociação coletiva, a função negocial ou regulamentar do sindicato, uma das principais funções, senão a principal, exercida pelos sindicatos, os seus limites, a negociação *in mellius* e *in pejus*, e a liberdade sindical.

3.3.1. Entidades sindicais

O vocábulo sindicato é originário do francês *syndicat*, que por sua vez tem sua origem no Direito Romano, na palavra síndico, referindo-se às pessoas que representavam interesses de um grupo. O Direito Grego também utilizava esse vocábulo nesse mesmo sentido.(21)

Em alguns países são utilizadas as denominações como *union, trade union, sindacato, gewerkschalt*. Em outras localidades a união de empregadores denomina-se agremiações, grêmios, associações.(22)

Muito embora a legislação brasileira não traga a definição de sindicato, esclarece e menciona as suas finalidades e prerrogativas nos arts. 511 e 513, respectivamente, da CLT. *In verbis:*

> "Art. 511. É lícita a associação para fins de estudo, defesa e coordenação dos seus interesses econômicos ou profissionais, de todos os que,como empregadores, empregados, agentes ou trabalhadores autônomos ou profissionais liberais, exerçam, respectivamente a mesma atividade ou profissão ou atividades ou profissões similares ou conexas."
>
> "Art. 513. São prerrogativas do sindicato:
>
> a) representar, perante as autoridades administrativas e judiciárias, os interesses gerais da respectiva categoria ou profissão liberal ou os interesses individuais dos associados relativos à atividade ou profissão exercida;
>
> b) celebrar contratos coletivos de trabalho;
>
> c) eleger e designar os representantes da respectiva categoria ou profissão liberal;

(21) MARTINS, Sérgio Pinto. *Op. cit.*, p. 608-609.

(22) MAGANO, Octávio Bueno. *Direito coletivo do trabalho,* p. 95.

d) colaborar com o Estado, com órgãos técnicos e consultivos, no estudo e solução dos problemas que se relacionam com a respectiva categoria ou profissão liberal;

e) impor contribuições a todos aqueles que participam das categorias econômicas ou das profissões liberais representadas".

A sociedade e a associação profissionais distinguem-se do sindicato. A primeira visa lucro e a segunda tem poder de controlar o exercício regular da profissão.

Também não se confunde o sindicato com a cooperativa, caracterizando-se esta como uma entidade que visa, de forma imediata, à prestação de serviços a seus usuários, seja na fase produtiva, seja na de distribuição ou na de consumo. Há uma relevância do seu caráter econômico, enquanto que no sindicato o objetivo principal é a defesa e a promoção dos interesses dos seus membros, sem que haja fins econômicos imediatos.(23)

Para *Mauricio Godinho Delgado* "sindicatos são entidades associativas permanentes, que representam, respectivamente, trabalhadores, *lato sensu*, e empregadores, visando à defesa de seus correspondentes interesses coletivos".(24)

O sindicato é definido por alguns doutrinadores como sendo um sujeito coletivo e por outros como uma pessoa jurídica e, ainda, para outros como uma instituição.(25)

Observa *Amauri Mascaro Nascimento* que "o sindicato é um sujeito coletivo porque é uma organização destinada a representar interesses de um grupo, na esfera das relações trabalhistas, tem direitos, deveres, responsabilidades, patrimônio, filiados, estatutos, tudo como uma pessoa jurídica".(26)

Na definição de *Octavio Bueno Magano* "sindicato é a associação de pessoas físicas ou jurídicas, que exercem atividade profissional ou econômica, para a defesa dos respectivos interesses".(27)

Num sentido estrito, denomina-se sindicato a entidade de primeiro grau dentro do sistema confederativo sindical no Brasil. E num sentido amplo, refere-se a organizações sindicais de um modo geral.

---

(23) MAGANO, Octavio Bueno. *Op. cit.*, p. 96.

(24) *Curso de direito do trabalho*, p. 1.315.

(25) NASCIMENTO, Amauri Mascaro. *Compêndio de direito sindical*, p. 215.

(26) *Op. cit.*, mesma página.

(27) *Op. cit.*, p. 96.

Conceitua *José Cláudio Monteiro de Brito Filho* o sindicato como "a associação que tem por finalidade coordenar e defender interesses profissionais e econômicos de trabalhadores (em sentido amplo) e empregadores".(28)

Com o advento da Constituição Federal de 1988, prevalece a concepção do sindicato ter natureza jurídica privada, longe da visão publicística ou semi-publicística de anteriormente, onde o Estado controlava as entidades sindicais, como um órgão praticamente interno.

Caracteriza-se, pois, o sindicato de uma associação, de natureza privada, autônoma e coletiva, direcionada à defesa de interesses coletivos profissionais e materiais de trabalhadores, subordinados ou autônomos, e de empregadores.(29)

Conforme mencionamos anteriormente, no Brasil a Constituição Federal/88, art. 8º, VI, prevê a obrigatoriedade da participação dos sindicatos representantes das categorias profissionais nas negociações coletivas de trabalho, ou seja, das entidades sindicais pertencentes ao sistema confederativo: sindicatos, federações e confederações.

As centrais sindicais e as associações profissionais não são partes legítimas para atuar como representantes de categoria no processo autocompositivo ou heterecompositivo. Estas entidades não integram o nosso sistema confederativo e não possuem natureza de sindicato, caracterizando-se simplesmente como associações civis.

Caracterizam-se as centrais sindicais como organizações intercategorias abrangendo diversas categorias e diversos sindicatos, federações e confederações, que se filiam espontaneamente às mesmas.

Como as centrais sindicais não fazem parte do sistema confederativo sindical e, portanto, não se caracterizam como organização sindical, mas como associação civil, não há proibição legal para a sua constituição e funcionamento, não se aplicando o princípio da unicidade sindical, eis que não possuem poderes de representação de categorias profissionais e econômicas.

---

(28) *Direito sindical*, p. 162.

(29) DELGADO, Mauricio Godinho. *Direito coletivo do trabalho*, p. 85.

Amauri Mascaro Nascimento[(30)] classifica as centrais como entidades de cúpula na estrutura sindical, posicionando-as acima das confederações, federações e sindicatos.

Não obstante a capacidade das centrais sindicais abrangerem várias categorias e entidades sindicais de diversos graus, com uma base territorial nacional e com uma representatividade de fato ampla, não nos parece que as mesmas possam ser colocadas no mais alto nível da estrutura sindical brasileira até porque a esta são estranhas.

A esse propósito *Arnaldo Süssekind* observa que "a posição das centrais sindicais de trabalhadores no cenário sindical brasileiro é, no mínimo, extravagante. Elas não integram o sistema confederativo previsto na Constituição Federal e na CLT, o qual se esteia no princípio da unicidade de representação em todos os níveis".[(31)]

Prossegue o autor asseverando que, apesar das centrais sindicais serem associações civis, a maioria dos sindicatos, grande parte das federações e confederações encontram-se filiados às maiores centrais do Brasil, seguindo as suas orientações e diretrizes.

Por outro lado, esses aspectos jurídicos não retiram das centrais sindicais a sua importância dentro do cenário sindical brasileiro, traduzindo uma tendência natural de organização das entidades sindicais de categorias profissionais e econômicas distintas num órgão central e da busca da democratização do modelo sindical vigente.

Com relação à legitimação das entidades sindicais, não incluídas nestas as centras sindicais, como vimos acima, para a celebração de convenções e acordos coletivos de trabalho, temos uma discussão doutrinária acerca do disposto no art. 617, § 1º da CLT, que permite expressamente a celebração do acordo coletivo direto pelos próprios trabalhadores e empregador, no caso específico de recusa das entidades sindicais de os representarem na negociação coletiva. Por entidades sindicais entenda-se o sindicato, a federação e a confederação.

> "Art. 617. Os empregados de uma ou mais empresas que decidirem celebrar Acordo Coletivo de Trabalho com as respectivas empresas darão ciência de sua resolução, por escrito, ao Sindicato represen-

(30) *Compêndio de direito sindical*, p. 195.

(31) *Instituições de direito do trabalho*, p. 1.130.

tativo da categoria profissional, que terá o prazo de 8 (oito) dias para assumir a direção dos entendimentos entre os interessados, devendo igual procedimento ser observado pelas empresas interessadas com relação ao Sindicato respectivo da categoria econômica.

§ 1º Expirado o prazo de 8 (oito) dias sem que o Sindicato tenha se desincumbido do encargo recebido, poderão os interessados dar conhecimento do fato à Federação a que estiver vinculado o Sindicato e, em falta dessa, à correspondente Confederação, para que, no mesmo prazo, assuma a direção dos entendimentos. Esgotado esse prazo, poderão os interessados prosseguir diretamente na negociação coletiva até final.

§ 2º Para o fim de deliberar sobre o Acordo, a entidade sindical convocará a assembléia geral dos diretamente interessados, sindicalizados ou não nos termos do art. 612".

O referido dispositivo legal tem sido objeto de discussões doutrinárias sobre a sua recepção ou não pela Constituição Federal/88. Concordamos com os autores que entendem que o art. 617, § 1º da CLT está em pleno vigor, não havendo qualquer restrição ao exercício da função negocial assegurada exclusivamente às entidades sindicais.

No referido dispositivo legal temos a legitimação subsidiária da federação e da confederação no lugar do sindicato para a celebração dos acordos coletivos de trabalho. Sindicato este que provocado pelos interessados não demonstra interesse em representá-los na negociação coletiva com a empresa.

Assim, o ordenamento jurídico prevê a hipótese das entidades sindicais de grau superior assumirem as conduções da negociação coletiva e celebrarem os diplomas coletivos, com plena eficácia, a fim de evitar o engessamento da via negocial para composição do conflito coletivo.(32)

Por sua vez, na hipótese também da federação e da confederação não assumirem o comando dos entendimentos com a empresa, os interessados estarão autorizados a fechar o acordo coletivo diretamente com a mesma, o qual produzirá todos os seus efeitos legais. É a legitimação extraordinária para a negociação coletiva.

O que não se pode admitir é que em razão da eventual omissão ou não atuação das entidades sindicais os trabalhadores fiquem impossibilitados de conduzir as negociações diretamente com o seu empregador para tratar de interesses que lhes dizem respeito.

---

(32) NASCIMENTO, Amauri Mascaro. *Compêndio de direito sindical,* p. 344.

Nesse sentido *Sérgio Pinto Martins*, ao tecer os seus comentários sobre a vigência dos arts. 617 e 612 da CLT, este dispositivo acerca do *quorum* da assembléia dos trabalhadores, faz a seguinte afirmação:

> "Apesar de a participação do sindicato dos empregados ser obrigatória nas negociações coletivas de trabalho (art. 8º, VI da CF), entendo que os dispositivos anteriormente elencados não foram revogados pela Constituição, pois se o sindicato não tem interesse na negociação, os interessados não poderão ficar esperando indefinidamente, daí por que podem promover diretamente as negociações".(33)

Por fim, essa legitimação extraordinária atribuída aos interessados, refere-se aos empregados da empresa, de modo geral, independentemente de serem associados ou não ao sindicato, eis que a negociação do acordo coletivo diz respeito a interesses da coletividade de que todos fazem parte.

3.3.2. Autonomia privada coletiva

A negociação coletiva do trabalho como um processo de criação de normas jurídicas, tem como fundamento a autonomia privada coletiva ou autonomia coletiva dos particulares.

A autonomia privada coletiva é conceituada por *Pedro Paulo Teixeira Manus* como sendo "o poder das entidades sindicais de auto-organização e auto-regulamentação dos conflitos coletivos do trabalho, produzindo normas que regulam as relações atinentes à vida sindical, às relações individuais e coletivas de trabalho entre trabalhadores e empregadores".(34)

Prossegue o autor afirmando que, por sua vez, o fundamento da autonomia privada coletiva é "a ordem jurídica constitucional, que reconhece a existência da estrutura sindical e da atividade sindical conseqüente".(35)

Assim, a autonomia privada coletiva é o reconhecimento estatal da capacidade que alguns órgãos representativos de interesses

(33) *Direito do trabalho*, p. 711.

(34) *Negociação coletiva e contrato individual de trabalho*, p. 102.

(35) *Op. cit.*, p. 105.

coletivos possuem para criar direitos e obrigações, auto-regulamentando-os, como forma de solucionar conflitos coletivos do trabalho, refletindo também nas relações individuais de trabalho.

Essa autonomia coletiva posiciona-se entre a autonomia individual, na qual a manifestação da vontade dos indivíduos cria direitos e obrigações, e a autonomia pública ou estatal, que se traduz pelas ações do Estado.

Nesse sentido, *Amauri Mascaro Nascimento* defende que:

> "A autonomia coletiva favorece o direito à livre negociação coletiva, a transferência de poder normativo do Estado para a ordem sindical-profissional, o poder, dos grupos sociais, de auto-elaboração de regra jurídica, a tutela sindical no lugar da estatal, distinguindo, entre os direitos, aqueles que devem ser protegidos pela lei e aqueles que podem ser negociados pelos sindicatos".(36)

Uma concepção de autonomia coletiva dos particulares utilizada por diversos doutrinadores é no sentido de ser esta o fundamento da negociação coletiva, valorizada diante do ordenamento estatal, tendo como base a liberdade política de organização sindical, sem o controle do Estado.(37)

E não há que se confundir autonomia privada coletiva com negociação coletiva de trabalho propriamente dita, pois esta é decorrente daquela.

A esse respeito, *João de Lima Teixeira Filho* afirma que a autonomia privada coletiva "é um poder estatal constitucionalmente validado (arts. 7º, VI, XIII, XIV e XXVI, 8º, VI, e 114, § 1º) de autogeração de tutela específica para os representados, inclusive em institutos basilares do Direito do Trabalho — como salário e jornada de trabalho — e, de autogoverno das relações entre partes estipulantes".(38)

Enquanto que a negociação coletiva, segundo o autor, "é o meio pelo qual a autonomia privada coletiva se exercita. A negocia-

---

(36) *Compêndio de direito sindical*, p. 137.

(37) NASCIMENTO, Amauri Mascaro. *Op. cit.*, p. 132.

(38) *Instituições de direito do trabalho*, p. 1164.

ção coletiva é o processo democrático através do qual as partes buscam, diretamente, uma composição para a regência das relações de trabalho que protagonizam".[39]

Portanto, tratam-se de figuras distintas, sendo a autonomia privada coletiva o fundamento da negociação coletiva, e esta o meio pelo qual aquela manifesta o seu exercício.

3.3.3. *Função negocial*

Existem algumas diferenciações entre os doutrinadores acerca das funções ou atividades do sindicato.

Em linhas gerais podemos relacionar as seguintes funções atribuídas ao sindicato: função de cooperação, função política, função assistencial, função ética, função de representação e função negocial.

A função regulamentar ou negocial constitui a principal função do sindicato, possibilitando a composição de conflitos, instrumentalizados na instituição de norma de trabalho, pela celebração de convenções e acordos coletivos de trabalho.

Em verdade, essa função é a que se concretiza na celebração dos instumentos negociais coletivos.[40]

Comenta *Amauri Mascaro Nascimento*[41] que essa função negocial tem amplitude maior nos sistemas em que a lei ocupa menor espaço, casos em que a instauração de vínculos jurídicos decorre da grande autonomia coletiva.

A Convenção n. 98 da OIT incentiva o exercício da função negocial dos sindicatos, como uma ferramenta de paz social e de extrema utilidade técnica jurídica, permitindo que as próprias partes de um conflito coletivo do trabalho estipulem livremente as normas a serem observadas para a composição dessa controvérsia.[42]

Além da referida convenção, a Organização Internacional do Trabalho possui também as de n. 151 e n. 154, que versam também sobre a negociação coletiva, bem como a Recomendação n. 159 sobre o mesmo tema.

---

(39) *Op. cit.*, mesma página.

(40) MAGANO, Octavio Bueno. *Direito coletivo do trabalho*, p. 146.

(41) *Compêndio de direito sindical*, p. 224.

(42) NASCIMENTO, Amauri Mascaro. *Op. cit.*, mesma página.

Tendo em vista o disposto no art. 8º, VI da Carta Magna, cabe ao sindicato exercer exclusivamente a atividade regulamentar nas negociações coletivas de trabalho, sendo presença indispensável e obrigatória.

Por sua vez, o art. 513, alínea *b* da CLT estabelece que é prerrogativa do sindicato celebrar convenções coletivas. Em outras palavras, é prerrogativa do sindicato exercer a atividade de negociação objetivando a celebração de convenção coletiva ou acordo coletivo (art. 611 CLT).

Assevera *Luiz Carlos Amorim Robortella*(43) que por meio da negociação coletiva, nos seus diversos níveis, abrangendo temas atuais no âmbito das relações do trabalho, o sindicato pode se reencontrar com os caminhos da política econômica e social.

É inegável a importância da negociação coletiva para as relações entre empregados e empregadores, assim como do papel do sindicato nesse processo.

Sobre a função negocial, *José Cláudio Monteiro de Brito Filho* defende que "deve ser considerado que, no plano atual, em que a flexibilização do Direito do Trabalho vem-se tornando regra, operando-se a supremacia da contratação coletiva sobre a vontade da lei, como forma mais ágil e justa de solucionar conflitos entre o capital e o trabalho, a função negocial assume, definitivamente, o papel de função mais importante do sindicato".(44)

A negociação coletiva, como exteriorização da autonomia coletiva dos indivíduos e da liberdade sindical, tende cada vez mais a aumentar a sua importância e participação no campo do direito como uma forma direta e legítima de solução de conflitos coletivos pelas próprias partes.

Na visão de *Alfredo J. Ruprecht* "a negociação coletiva tem sido o melhor sistema para solucionar os problemas que surgem entre o capital e o trabalho, não só para fixar salários e estabelecer condições laborais, mas também para regular todas as relações de trabalho entre empregador e trabalhador".(45)

---

(43) *Direito sindical brasileiro*, p. 242.

(44) *Direito sindical*, p. 170.

(45) *Relações coletivas de trabalho*, p. 261.

3.3.4. Limites da negociação coletiva

Muito embora os textos constitucionais das Cartas Magnas anteriores já tenham consagrado o reconhecimento das convenções e acordos coletivos de uma forma genérica, a Constituição Federal de 1988 reforçou o prestígio dado aos citados instrumentos coletivos, na medida em que determinados direitos e garantias, por disposição expressa podem ser objetos de negociação coletiva de trabalho de forma diversa.(46)

Contudo, essa maior liberdade de negociação coletiva possui limites impostos pela própria norma constitucional.

Dessa forma, os instrumentos de negociação coletiva do trabalho reconhecidos e prestigiados pela Constituição Federal devem ser analisados em face da sua inter-relação com as normas jusindividuais estatais em vigor.

Segundo *Mauricio Godinho Delgado,*(47) os critérios de harmonização entre as normas coletivas e as normas estatais são tratados pelo denominado Princípio da Adequação Setorial Negociada, o qual estabelece dois critérios de análise:

a) quando as normas coletivas elevam os direitos trabalhistas existentes na legislação;

b) quando as normas coletivas transacionam de forma setorial direitos trabalhistas de indisponibilidade relativa, tanto pela natureza da verba ou parcela (ex.: jornada de trabalho), quanto pela própria permissão legal expressa (ex.: salário).

Portanto, não obstante as possibilidades da validade e eficácia das normas coletivas em relação às normas estatais existem limites objetivos, como renúncia de direitos de terceiros (diferente da transação onde há concessões mútuas) e de direitos absolutamente indisponíveis (não podem ser transacionados). Nestes incluem-se as normas constitucionais, com as exceções previstas, as normas de tratados e convenções internacionais em vigor no país e as normas infraconstitucionais que garantem um parâmetro mínimo de cidadania ao trabalhador.(48)

---

(46) MANUS, Pedro Paulo Teixeira. *Negociação coletiva e contrato individual de trabalho*, p. 69.

(47) *Direito coletivo do trabalho*, p. 136-137.

(48) DELGADO, Mauricio Godinho. *Op. cit.*, p. 138.

Pedro *Paulo Teixeira Manus* afirma que "todos os atos praticados pelo Poder Público submetem-se ao processo de controle de constitucionalidade, daí por que igualmente os atos praticados pela sociedade deverão submeter-se ao mesmo controle. E assim é porque o referido controle garante a inexistência de atos e normas incompatíveis com as garantias constitucionais".[49]

Ensina o autor que o sistema jurídico é composto de normas jurídicas que devem harmonizar-se, observando uma escala de importância, de hierarquia entre as fontes do direito, garantindo assim a harmonia e coerência do sistema jurídico.

Assim, se a norma hierarquicamente inferior, no caso a convenção e acordo coletivo, não observar a superior, normas constitucionais e legais, será inválida.

A propósito, *Pedro Paulo Teixeira Manus*, ao comentar que o direito do trabalho, como integrante do sistema jurídico, está submetido à hierarquia das fontes formais, observa que "se é finalidade do direito do trabalho minimizar a desigualdade entre empregado e empregador, a aplicação das fontes estatais é obrigatória, restando às fontes contratuais o espaço para ajustar condições mais benéficas para os trabalhadores".[50]

Contudo, alerta *João de Lima Teixeira Filho*[51] que a intervenção do Estado em excesso diminui os espaços para que a negociação coletiva possa evoluir e desenvolver-se.

Assim, está claro que as partes devem fixar as normas contratuais que regerão as suas relações coletivas de trabalho, através do exercício da autonomia privada coletiva, respeitadas as normas emitidas pelo Estado, na sua função reguladora.

***3.3.5. Negociação* in mellius e in pejus**

As negociações coletivas de trabalho que resultam em condições mais benéficas aos trabalhadores, instrumentalizadas em cláusulas contratuais coletivas, denominam-se *in mellius*. Por outro lado, se resultam em redução de vantagens aos trabalhadores são consideradas *in pejus*.

---

(49) *Op. cit.*, p. 71.

(50) *Negociação coletiva e contrato individual de trabalho,* p. 81.

(51) *Instituições de direito do trabalho*, p. 1159.

O art. 620 da CLT dispõe que "as condições estabelecidas em Convenção, quando mais favoráveis, prevalecerão sobre as estipuladas em Acordo".

Em sentido contrário, as condições mais favoráveis estipuladas em Acordo Coletivo, devem prevalecer. Portanto, a regra legal é a da aplicação da norma mais favorável.

Assim, quanto às negociações coletivas *in mellius*, devem prevalecer as estipulações mais benéficas ao trabalhador, mesmo que não observem a hierarquia das normas.

Contudo, para melhor elucidar esse assunto, temos que partir de uma análise inicial do que se entende como melhor para o trabalhador. É preciso avaliar se uma determinada situação é mais favorável nos instrumentos coletivos do ponto de vista do seu todo, isto é, do seu conjunto, ou de cada cláusula isoladamente, acumulando as mais benéficas.

Nesse sentido, temos duas teorias tradicionais que se destacam pela doutrina: a do conglobamento e a da acumulação. Na primeira teoria a análise das condições negociadas é feita pelo todo e na segunda a análise é por partes, cláusula por cláusula dos instrumentos coletivos. Registre-se, ainda, o surgimento de uma terceira corrente doutrinária com posicionamento intermediário entre as duas teorias mencionadas, segunda a qual deve-se analisar o conjunto das cláusulas normativas referentes a cada instituto do Direito do Trabalho.[52]

A esse respeito, entendemos que a teoria do conglobamento contempla melhor o espírito da negociação coletiva de trabalho, uma vez que as condições ajustadas pelas partes fazem parte de um todo, envolvendo concessões mútuas visando a estabelecer normas de equilíbrio na relação diária do capital e trabalho, solucionando conflitos e divergências de interesses coletivos de trabalho. Há por trás do processo negocial um histórico de avanços, trocas, concessões e consensos que se traduzem na celebração do acordo e convenção coletiva de trabalho. Tais condições expressas nos documentos coletivos de trabalho não podem ser analisadas de forma isolada, como método exclusivo de avaliação da norma mais favorável entre estes instrumentos.

---

(52) RODRIGUES, Américo Plá. *Princípios de direito do trabalho*, p. 129.

Contudo, esse posicionamento não é pacífico entre os doutrinadores, como vemos na lição de *José Cláudio Monteiro de Brito Filho,*(53) defensor da teoria do conglobamento, mas que entende que o art. 620 da CLT teria adotado a teoria da acumulação, ao mencionar as condições estabelecidas, o que levaria a conclusão de serem consideradas formas isoladas.

Prossegue o autor(54) asseverando que, apesar de não haver um entendimento pacífico sobre essa questão, caberá a cada intérprete seguir a sua convicção, mas que, na maioria dos casos, a teoria da acumulação é a que será aplicada, pois é um facilitador na análise das condições mais favoráveis entre os instrumentos coletivos de trabalho.

Não nos parece que o mencionado dispositivo legal deva ser interpretado de forma tão literal ou ainda que essa questão da aplicabilidade da norma coletiva mais favorável esteja resolvida no seu texto.

Sobre o exame da aplicação da norma mais favorável, *Américo Plá Rodrigues*(55) cita os critérios estabelecidos por *Paul Durand* para orientar na busca da solução: a comparação deve levar em consideração o conteúdo das normas; a comparação deve ser efetuada considerando o interesse coletivo dos trabalhadores; não deve haver avaliação subjetiva da norma, mas objetiva em razão dos motivos que a tenham criado; o confronto deve ser realizado de forma concreta, questionando se a norma inferior é mais ou menos favorável.

A negociação *in pejus* é permitida no âmbito do direito coletivo do trabalho, amparada pela autonomia coletiva, o mesmo não ocorrendo no plano do direito individual do trabalho. Assim, aos direitos coletivos do trabalho não se aplica o princípio da irrenunciabilidade dos direitos trabalhistas.

Segundo lição de *Amauri Mascaro Nascimento:*

> "O fundamento da validade da redução é o mesmo princípio que autoriza a estipulação mais vantajosa, a autonomia coletiva dos particulares, que não é via de uma só mão, de

---

(53) *Direito sindical*, p. 238.

(54) *Op. cit.*, p. 239.

(55) DURAND, Paul e JAUSSAUD, R. *Traité de droit du travail*, p. 179, *apud Princípios de direito do trabalho*, p. 127.

duas, funcionando tanto para promover os trabalhadores, mas também, em especial na economia moderna, para administrar crises da empresa e da economia, o que justifica a redução dos salários dos empregados de uma empresa, pela negociação coletiva".[56]

Para o autor, a interpretação da norma mais favorável possui as mesmas premissas que solucionam a questão das cláusulas *in pejus* e *in mellius.*

Não obstante a regra da aplicação da norma coletiva mais favorável, entre os diversos níveis de negociação coletiva, é possível que a autonomia privada coletiva, autorizada pelo ordenamento jurídico estatal, possa manifestar-se estabelecendo e modificando *in pejus* situações e condições coletivas, adequando às necessidades das partes.

De fato, a Constituição Federal, no seu art. 7º, VI, XIII e XIV, estabelece a possibilidade de redução de direitos por ela mesma assegurados, pela via da negociação coletiva de trabalho.

> "Art. 7º *(Omissis)*
>
> (...)
>
> VI — irredutibilidade do salário, salvo o disposto em convenção ou acordo coletivo;
>
> (...)
>
> XIII — duração do trabalho normal não superior a oito horas diárias e quarenta e quatro semanais, facultada a compensação de horários e a redução da jornada, mediante acordo ou convenção coletiva de trabalho;
>
> XIV — jornada de seis horas para o trabalho realizado em turnos ininterruptos de revezamento, salvo negociação coletiva;"

Entendemos, dessa forma, que o art. 602 da CLT deve ser interpretado à luz da Constituição Federal de 1988, art. 7º, XXVI, que reconheceu e prestigiou a convenção e acordo coletivos de trabalho, como instrumentalização da negociação coletiva de trabalho.

Divergem os doutrinadores a respeito das cláusulas *in pejus* admissíveis por meio da autonomia da vontade. Parte entende que

(56) *Compêndio de direito sindical,* p. 318.

deve ser tratado como uma exceção, aplicável nos casos taxativamente mencionados no art. 7º da Carta Magna. Outros defendem as estipulações *in pejus* de forma ampla, partindo do pressuposto de "quem pode o mais, pode o menos", visto que é possível até reduzir salários por meio de acordo ou convenção coletiva.

É claro que a autonomia privada coletiva para a criação e alteração de normas coletivas tem o seu limite, conforme veremos em capítulo próprio adiante.

No entanto, há que se fazer uma distinção entre as estipulações *in pejus* de direitos garantidos por lei e as estipulações *in pejus* de direitos previstos em documentos coletivos de trabalho. Aquelas são autorizadas pela própria lei, expressando a vontade coletiva, que se sobrepõe à individual, e estas se referem às garantias específicas decorrentes de acordos ou convenção coletiva de trabalho, as quais podem ser reduzidas, bem como suprimidas, pela negociação coletiva.(57)

Dessa forma, deve prevalecer a autonomia privada coletiva, como fundamento da negociação coletiva de trabalho, contudo, as respectivas normas coletivas produzidas devem harmonizar-se com as fontes formais do direito, observando a sua hierarquia, podendo fazer estipulações *in pejus* nas hipóteses específicas permitidas pela norma superior e não de uma forma ampla e irrestrita.

É oportuno mencionar uma tendência no direito moderno para a descentralização dos níveis de negociação, de forma a atender à realidade da empresa, estabelecendo normas específicas e regulando as relações de trabalho no seu âmbito de atuação. Assim, observados os seus limites hierárquicos dentro do ordenamento jurídico, a normas coletivas devem ser estipuladas pelas partes para regular esses interesses coletivos de trabalho mais imediatos.

3.4. REPRESENTATIVIDADE SINDICAL

A idéia de um sindicato mais representativo, escolhido legitimamente por seus representados, num sistema em que prevalece a efetiva liberdade sindical, torna menor o papel do Estado-Legislativo em matéria de normas de conteúdos sociais e trabalhistas.

---

(57) NASCIMENTO, Amauri Mascaro. *Compêndio de direito sindical,* p. 318.

Nesse sentido, há uma correspondência direta entre a forma como está organizada a estrutura sindical de um País e a efetividade da negociação coletiva, como meio de composição autônomo dos conflitos coletivos do trabalho.

O sindicato, como um dos protagonistas da interlocução social, com maior representatividade, de acordo com a estrutura sindical à qual pertence, assume maior responsabilidade na defesa dos direitos e interesses dos seus representados e na criação de normas jurídicas, por meio do processo de negociação coletiva.

A esse propósito, *João de Lima Teixeira Filho* ressalta que:

> "À medida que o sindicato robustece sua representatividade, como decorrência de seu desempenho nas negociações coletivas, atendendo às reais necessidades dos trabalhadores que representa, por livre escolha destes (liberdade sindical), progressivamente a lei passa a desempenhar um papel secundário na satisfação daqueles anseios. Inverte-se, desse modo, a forma de ativar a fonte de produção de direito: de heterônomas para autônomas".[58]

O dilema da representatividade dos sindicatos ou do conflito de representatividade sindical surgiu mais nitidamente nas sociedades capitalistas avançadas com sistemas de pluralidade sindicais, principalmente a partir da Segunda Guerra Mundial, quando o papel das entidades sindicais foi ampliado.

A definição do sindicato mais representativo o qualifica como a entidade com capacidade de representar um ramo profissional para fins de negociação coletiva, contratação coletiva, atuação judicial, participação em órgãos tripartites e demais atos decorrentes da sua atuação típica sindical.[59]

Existem diversos sistemas e mecanismos para a definição do sindicato mais representativo, podendo tomar como base o número de associados, com um patamar mínimo definido por legislação local ou a maior representatividade nos órgãos de representação dos trabalhadores nos locais de trabalho ou, ainda, a eleição da entidade sindical mais representativa.

---

(58) *Instituições de direito do trabalho*, p. 1.156.

(59) CRIVELLI, Ericson. "A reforma sindical no Brasil e a jurisprudência da OIT em matéria de liberdade sindical", *Revista LTr*, 68-03/18, 2004.

Muito embora as convenções da OIT não tragam em si o conceito do sindicato mais representativo, os sistemas que definem a maior representatividade de uma entidade sindical devem representar uma garantia de respeito aos princípios de liberdade sindical previstos na Convenção n. 87. Para que haja essa compatibilidade, o processo de definição do sindicato mais representativo deve conter regras claras e objetivas estabelecidas previamente, bem como os direitos de representação atribuídos à referida entidade devem restringir-se a negociação coletiva, consulta das autoridades e designação de delegados para órgãos internacionais, assegurando-se alguns direitos e pressupostos aos sindicatos minoritários.[60]

Em verdade, com o sindicato dotado de maior representatividade, o processo autocompositivo de solução dos conflitos coletivos passa a ter maior importância no cenário social, devendo ser estimulado pelo Estado, não mais como interventor legislativo nas relações entre capital e trabalho, mas como agente regulador das garantias mínimas dos trabalhadores e dos mecanismos que garantam o exercício pleno da liberdade sindical.

Caberá, dessa forma, aos atores sociais estabelecer as regras que regularão as suas relações coletivas de trabalho, no âmbito da sua representatividade, num processo natural de evolução e amadurecimento da sua responsabilidade social.

O papel do Estado, no modelo tradicional brasileiro, de inspiração Mussoliniana, totalitário, como fonte principal de criação das normas jurídicas do Direito do Trabalho, heterônomo, protetor excessivo do trabalhador e intervencionista e controlador da organização e ação sindical, num ambiente de mudanças e avanços sociais, de maturidade dos cidadãos e dos "corpos intermediários"[61] (sindicatos, empresas e instituições interpostas entre o Estado e os cidadãos), deve ceder lugar para um postura mais promocional, com uma legislação de estímulo e apoio à ação sindical e à negociação coletiva.

(60) CRIVELLI, Ericson. *Op. cit.*, p. 19.

(61) TEIXEIRA FILHO, João de Lima. *Instituições de direito do trabalho*, p. 1.160.

4. NOVOS PARADIGMAS

O Direito do Trabalho sofre influências sociais, políticas e econômicas, necessitando estar sintonizado com os processos de mudanças na sociedade. O dinamismo do Direito Coletivo do Trabalho nota-se mais claramente nas normas jurídicas advindas da autonomia privada coletiva do que nas normas rígidas heterônomas Estatais.

Não obstante ser a lei a principal fonte de produção no ordenamento jurídico brasileiro, a negociação coletiva passa a desempenhar um papel de suma importância como geradora de fonte de Direito do Trabalho, de forma a instituir e regular novas condições de trabalho e aprimorar os dispositivos da legislação trabalhista consolidada.(1)

Dentro deste contexto, insere-se o sindicato representante da categoria, como sujeito coletivo no sistema sindical brasileiro, organizado para a defesa coletiva dos interesses dos seus representados.

Tem-se que a organização sindical é uma das mais importantes formas pelas quais os trabalhadores se organizam solidariamente para a defesa de seus interesses.(2)

Ney Prado atribui ao sindicato características de fenômeno social, econômico, político e jurídico. Afirma que "para efetivamente captar-se a essência, extensão e alcance desse intrigante fenômeno, há que se levar em conta, necessariamente, sua dimensão social, econômica, política e jurídica e suas inter-relações, à luz da cronodinâmica da história e das condições subjetivas e objetivas de cada país".(3)

De fato, a história do sindicalismo associa-se às mudanças ocorridas nos métodos de produção europeu no Século XVIII, com a Revolução Industrial, originando o surgimento do proletariado. No século XIX deu-se a sua expansão e evolução pelo mundo, tendo

(1) TEIXEIRA FILHO, João de Lima. *Op. cit.*, p. 1.171.

(2) NASCIMENTO, Amauri Mascaro. *Compêndio de direito sindical*, p. 37.

(3) *Direito sindical brasileiro*, p. 265.

enfrentado mais recentemente fenômenos que mudaram o sistema produtivo e as organizações das empresas, com reflexos nos sistemas de relações entre empregadores e empregados.

Fatores como automação, globalização econômica, desemprego, novas tecnologias industriais, novos modelos de trabalho, entre outros, caracterizam-se como novos paradigmas para a sociedade moderna e como desafios para o sindicalismo tradicional.

Diante dessa nova ordem mundial sócio-econômica está o futuro do sindicalismo, como instituição e como movimento, e do próprio Direito do Trabalho.

As transformações na sociedade desencadeadas pelos avanços tecnológicos, globalização dos mercados, aumento da competitividade entre as empresas, a busca por redução de custos de produção e o novo papel do Estado no âmbito econômico e social, todos esses fatores devem ser considerados pelo Direito do Trabalho, de forma a garantir a sua efetividade.

Nesse sentido, ensina *Amauri Mascaro Nascimento:*

> "Os seus princípios são válidos, mas convém revê-los em alguns pontos, a começar pelo grau e pelos mecanismos de que dispõe para a efetivação da tutela aos trabalhadores, problema a ser enfrentado sem ilusões que prejudiquem a clareza do raciocínio jurídico, conscientes, todos nós, das limitações do Direito do Trabalho como meio transformador da realidade social, quando desacompanhado da atuação de outros fatores, de ordem econômica, política e cultural, com os quais deve compor-se, porque são básicos para a modificação das estruturas sociais".(4)

Para manterem-se competitivas num mercado internacional aberto, as empresas buscam alternativas de redução de custos e flexibilização dos sistemas de produção: subcontratação de terceiros para executar as atividades especializadas e atividades-meio; contratação de cooperativas de trabalho; novas práticas de remuneração variável dos empregados vinculadas ao atingimento de metas; redução do quadro de empregados efetivos adequando-o ao estritamente necessário para atendimento da demanda; contratos de trabalho por prazo determinado etc.

---

(4) *A transição do direito do trabalho no Brasil*, p. 15.

Nesse cenário de transformações da economia de mercado, com altas taxas de desemprego, com a descentralização das atividades pelas empresas, com o surgimento de novas profissões, com a exigência de multifuncionalidade das empresas e dos trabalhadores, com a estabilização da moeda nacional e da queda dos índices inflacionários, o sindicato passa a ter um novo papel para atender a essas demandas da modernidade.

Há necessidade de um novo sindicato com formas mais amplas de organização e estruturado de maneira mais flexível, permitindo a maior participação das representações de trabalhadores nos diálogos com o capital internacional, representado por empresas transnacionais com concentração econômica em pólos regionais. Esse sindicato moderno deve estar apto a participar de negociações de acordos coletivos de maior amplitude, no sentido macroeconômico, juntamente com empresários e governo, com metas negociadas, estabelecidas e formalizadas em pactos sociais, a exemplo do que ocorreu em Portugal (1996), Itália (1993 e 1996), Espanha (1996), entre outros países.(5)

4.1. GLOBALIZAÇÃO ECONÔMICA

No mercado globalizado, em que prevalecem os interesses do capital, as empresas devem atender a exigências de eficiência operacional, de qualidade e de preço dos produtos.

Para *Luiz Carlos Amorim Robortella* "a globalização rompe com as barreiras do protecionismo econômico, afetando as empresas e exigindo, como conseqüência necessária e inevitável, menor grau de protecionismo social e mais intensa flexibilização dos sistemas de proteção ao trabalho".(6)

Na sua análise sobre os efeitos da globalização da economia, *Arnaldo Süssekind*, alerta que, segundo dados da "Prensa OIT" de 21.6.00, Genebra, a quantidade de desempregados era cerca de 150 milhões e 850 milhões de subempregados, correspondente a 1/3 da população economicamente ativa mundial e que "esse desemprego estrutural vem reduzindo sensivelmente o índice de sindicali-

(5) NASCIMENTO, Amauri Mascaro. *Compêndio de direito sindical*, p. 64.

(6) *Direito sindical brasileiro*, p. 236.

zação, gerando o evidente desequilíbrio entre os atores da negociação coletiva de trabalho, com predominância dos representantes empresariais".(7)

Sobre esse fenômeno da modernidade, *Leôncio Martins Rodrigues* afirma que a dispersão industrial e a desconcentração de trabalhadores por unidade de produção não representou o enfraquecimento da unidade de comando empresarial, "o que significa dizer que grupos mais segmentados de trabalhadores passaram a ter pela frente companhias mais poderosas, com comandos e estratégias mais unificadas, com mais poder de fogo anti-sindical".(8)

Muito embora não seja um fenômeno jurídico, mas sócio-político-econômico, a globalização tem impactos positivos e negativos sobre as relações de trabalho, especialmente no movimento sindical: de um lado, a intensificação econômica em comunidades regionais, com a participação de empresas com atividades internacionais, ocasionando uma expansão sindical com novas formas de atuação para representação dos trabalhadores e defesa de seus interesses, cujas soluções nacionais não são mais suficientes frente às questões de âmbito multinacional; de outro lado, a necessidade de redução de custos de produção pelas empresas, na qual está inserida a mão-de-obra, para competirem em igualdade de condições nesse novo mercado sem protecionismos econômicos, com reflexos nas negociações coletivas de trabalho que passam a ter enfoque maior nas condições sociais e na manutenção de empregos, ditas coloquialmente "cláusulas sociais", em detrimento dos reajustamentos salariais e demais vantagens econômicas, conhecidas como "cláusulas econômicas".

Os efeitos da globalização da economia atingem a forma de atuação dos sindicatos, refletindo diferentemente nos seus modelos de organização.

Segundo ensina *Arion Sayão Romita*, "onde há divisão dos sindicatos, a capacidade de superar as dificuldades é sem dúvida menor do que nos países em que há unidade sindical livremente deliberada, com redução do número de sindicatos e com lideranças unificadas e autênticas, representativas".(9)

(7) "O futuro do direito do trabalho no Brasil", *Revista LTr*, 64-10/1231, 2000.

(8) *Destino do sindicalismo*, p. 179.

(9) *A transição do direito do trabalho no Brasil*, p. 81.

Na atual realidade social e econômica, o modelo de organização sindical brasileiro, de unicidade de direito e de sindicalização por categoria, é inadequado, enfraquecendo a capacidade de resistência dos sindicatos aos seus efeitos nocivos.

E prossegue *Arion Sayão Romita* afirmando que:

> "A diversidade verificada entre vários setores de uma categoria econômica reflete-se na negociação coletiva. A sindicalização por categoria era típica de um movimento político caracterizado pela proibição de negociar. Atualmente, a negociação coletiva está na ordem do dia e a Constituição a estimula. Se há liberdade sindical e se há incentivo à negociação coletiva, não pode haver sindicalização por categoria".(10)

A sindicalização por categoria, à medida em que agrupa e abrange todos os sujeitos que exercem determinada atividade produtiva, ignora as diferenças existentes entre estes dentro de um mesmo setor ou segmento de atuação.

Há uma fragmentação dos interesses das classes trabalhadoras decorrente de uma série de alterações no setor produtivo e no mercado de trabalho, aumentando as diferenciações entre estes grupos de trabalhadores e as suas respectivas reivindicações, de forma a dificultar a atuação dos sindicatos.

Entre os fatores desse enfraquecimento da coesão entre os trabalhadores, *Leôncio Martins Rodrigues* identifica:

> "A dispersão da produção (às vezes por países diferentes e distantes), a redução da dimensão das unidades de fabricação e o aumento da produção em pequenas empresas; a maior mobilidade do capital internacional; a tendência em direção a acordos por empresas e locais de fabricação; a flexibilização da produção, das normas e regulamentos que regiam tarefas, hierarquias e carreiras dos empregados, a maior heterogeneidade da força de trabalho em virtude do aparecimento de novas profissões, da maior presença da mulher e dos imigrantes no conjunto da mão-de-obra".(11)

---

(10) *Op. cit.*, p. 82.

(11) *Destino do sindicalismo*, p. 177.

No Brasil percebe-se um movimento de migração da mão-de-obra das grandes empresas para as pequenas unidades fabris, decorrentes da subcontratação e terceirizações, dos grandes centros industriais para regiões com custos mais baixos de salários e menor mobilização sindical, em contrapartida com maiores incentivos fiscais e outros atrativos locais para instalação do parque fabril. Isto sem falar no emprego informal concentrado nas pequenas e médias empresas, como alternativa de subsistência do negócio frente às normas de trabalho inflexíveis e aos encargos fiscais que sobrecarregam o custo fabril.

A maior heterogeneidade dos grupos de trabalhadores implica em maiores dificuldades para a atuação sindical nos modelos corporativos, centralizados e com intervenção governamental, contrariamente ao que ocorre nos modelos liberais de relações do trabalho.

Há uma tendência no Direito Coletivo do Trabalho atual de um deslocamento da negociação para o âmbito da empresa, cujos trabalhadores são identificáveis, fazendo com que questões econômicas e sociais sejam objetivamente tratadas num processo de negociação coletiva eficaz.

A esse respeito, *Renato Rua de Almeida* observa que a globalização econômica, ao exigir um nível maior de competitividade entre as empresas, faz com que "o Direito do Trabalho passe a adotar um modelo jurídico mais próximo da vida das empresas, para regular a relação de emprego, sob pena de desproteger o empregado ao invés de protegê-lo, ao provocar o aumento do desemprego".(12)

E, segundo o autor, a negociação é o meio mais eficaz de normatizar a relação de emprego, principalmente através dos acordos coletivos de trabalho, por estarem mais próximos da realidade das empresas.

Esses aspectos sócio-econômicos do livre mercado global, sem fronteiras de proteção para a produção nacional, de integrações regionalizadas, de incremento das empresas transnacionais, influenciam as relações de trabalho e, por conseqüência, o sindicato, o qual tem a sua representatividade exigida e questionada pela sociedade.

---

(12) "O moderno direito do trabalho e a empresa: negociação coletiva, representação dos empregados, direito à informação, participação nos lucros e regulamento de empresa", *Revista LTr*, 62-01/37, 1998.

O sindicato tem que se reinventar, num processo dialético de contraposição ao seu papel clássico de reivindicador para o de interlocutor das questões sociais, políticas e econômicas.

4.2. FLEXIBILIZAÇÃO DAS NORMAS TRABALHISTAS

Alguns referenciais do modelo tradicional de contrato de trabalho, como o trabalho permanente e o emprego a tempo integral, estão se perdendo com a atual realidade sócio-econômica. Há uma ampliação das modalidades de prestação de serviços, como a empreitada, a subcontratação, os contratos de trabalho de curta duração, os contratos de trabalhos atípicos, sem características de subordinação, entre outros.

O desemprego também é um fator determinante para diferenciar os incluídos no mercado de trabalho formal e os excluídos.

Os empregos estão ameaçados diante de heterogeneidade do mercado de trabalho. As empresas modernas necessitam de modalidades mais flexíveis de prestação pessoal de serviços para atender às suas demandas.

A terceirização, a descentralização do processo industrial, a flexibilização das normas trabalhistas, a globalização econômica e a negociação coletiva transformaram as relações de trabalho. A alta tecnologia e salários mais baixos são características da economia de mercado competitiva, liberal e flexível, com pouca interferência do Estado.[13]

É idéia neoliberal do Estado mínimo no Direito do Trabalho, na qual cabe aos atores sociais a responsabilidade pela solução dos conflitos coletivos e do direcionamento e equilíbrio das relações entre capital e trabalho.

Conforme mencionamos anteriormente, o perfil do empregado da atualidade é o da multifuncionalidade, da qualificação profissional e das tecnologias do conhecimento, ou seja, para a obtenção e manutenção do emprego os trabalhadores são cada vez mais exigidos pelas empresas, sem que em contrapartida os salários sejam mais altos.

---

(13) MANNRICH, Nelson. *A modernização do contrato de trabalho*, p. 71.

A introdução de novos tipos de contrato de trabalho no Direito do Trabalho faz parte da necessidade de retipificação do contrato de trabalho clássico, que não atende mais ao mercado de trabalho.

Contudo, alerta *Nelson Mannrich* que:

> "A modernização das relações de trabalho, por si só, não implica geração de empregos, mas determinadas medidas, como proibição de hora extra, introdução de contratos a tempo parcial, mediante incentivo de redução de contribuições a favor da previdência social, entre outras, podem contribuir de maneira significativa para esse fim. Nesse contexto, situa-se a problemática da retipificação e ressalta-se o papel do Estado na promoção dos valores fundamentais da sociedade, que não podem ser sacrificados no altar do livre jogo contratual".[(14)]

Para *Luiz Carlos Amorim Robortella* "a proliferação de modalidades precárias de contratos, chamados atípicos, é a antítese do ideal da garantia do emprego e uma ameaça à integração do empregado na empresa, merecendo acerbada crítica doutrinária".[(15)]

Por outro lado, não se pode restringir a discussão a um possível retrocesso do Direito do Trabalho, com o surgimento dos contratos precários, mas deve-se considerar a efetiva geração de novos empregos e manutenção dos atuais postos de trabalho com uma maior flexibilidade do contrato de trabalho clássico.

A flexibilização do contrato de trabalho pode ser um instrumento para a manutenção dos empregos, ao permitir maior mobilidade funcional ao invés da qualificação profissional, ampliando as possibilidades de continuidade dessa relação.

A flexibilização das normas trabalhistas é um efeito decorrente da globalização da economia, ou seja, um subproduto da globalização.[(16)]

E por flexibilização entende-se o processo de adaptação das instituições jurídicas às novas contingências econômicas e sociais, mediante negociação coletiva entre empregadores, trabalhadores e

(14) *A modernização do contrato de trabalho*, p. 72.

(15) *Op. cit.*, p. 101.

(16) SÜSSEKIND, Arnaldo. "Proposições para a reforma trabalhista", *Revista LTr*, 68-05/519, 2004.

sindicatos, de forma a viabilizar ajustes necessários pelas empresas na sua produção, emprego, jornada de trabalho, condições de trabalho, contratações por prazo certo, entre outras possibilidades.

Também citada por alguns doutrinadores como "desregulamentação"(17) do direito do trabalho, a flexibilização é um dos fatores que levou alguns países, como a Espanha, a retipificar o contrato de trabalho, assim como a globalização e o desemprego.

Sobre esse tema, *Nelson Mannrich* posiciona-se no seguinte sentido:

> "A tendência à denominada flexibilização se deve à natural necessidade de adaptação. Hoje esse fenômeno é cada vez mais intenso por força do aumento do poder patronal, como resultado das profundas transformações impostas pelo avanço tecnológico e pelo desemprego. Em compensação, observamos o declínio do poder sindical e conseqüentemente desprestígio da negociação coletiva. Não se confunde com desregulação, mais adequada às idéias neoliberais".(18)

A flexibilização pode ter alcances distintos, desde a simples adaptação de normas trabalhistas à realidade sócio-econômica até a desregulamentação do Direito do Trabalho, neste caso, numa concepção neoliberal o Estado é afastado das relações do trabalho, assumindo os atores sociais o papel de discussão dessas relações no âmbito coletivo ou individual.

A respeito do papel do direito na gestão da sociedade, temos a concepção intervencionista e a liberal. A primeira tem como tradução o protecionismo e a segunda as leis mínimas e maior liberdade na gestão da empresa, ainda que a igualdade entre trabalhadores e empresa não seja eficaz, mas meramente formal. Decorrente desta última, a doutrina neoliberal tem como valor principal o liberalismo econômico competitivo.

É diante das desigualdades criadas pela competitividade do processo econômico atual que se discute a flexibilização do Direito do Trabalho, como função tutelar para corrigir as desigualdades econômicas por meio de desigualdades jurídicas.(19)

---

(17) BORTOLOTTO, Rudimar Roberto. *Os aspectos da representatividade no atual direito sindical brasileiro*, p. 95.

(18) MANNRICH, Nelson. *Op. cit.*, p. 72.

(19) MANNRICH, Nelson. *A modernização do contrato de trabalho*, p. 76.

Uma das discussões atuais dos doutrinadores e operadores do Direito do Trabalho diz respeito às idéias liberais de flexibilização do direito, como possível base para o crescimento econômico do país, frente aos seus princípios basilares no âmbito das relações entre empregados e empregadores.

Sobre essa questão há uma falsa concepção de que a intervenção do Estado é prejudicial ao desenvolvimento econômico e social.

Na realidade, a intervenção estatal é necessária em todas as relações sociais em que há desigualdades entre as partes, caso contrário corre-se o risco de permanecerem sem punição atitudes socialmente reprováveis.(20)

Na visão de *Arnaldo Süssekind* sobre a flexibilização das leis trabalhistas:

> "É falsa a afirmação de que a redução desses direitos gera empregos. Está mais do que provado, inclusive com estudos da Organização Internacional do Trabalho e de organismos das Nações Unidas, que só o desenvolvimento econômico reduz o desemprego. Esse desenvolvimento não depende do Direito do Trabalho e sim de medidas econômico-financeiras e de uma infra-estrutura capaz de estimular e sustentar o crescimento de produção".(21)

A extinção das normas trabalhistas de proteção ao trabalhador atenderia, de fato, aos interesses econômicos dos grandes grupos internacionais, para ditarem livremente no país as regras econômicas do mercado, de forma a obterem maiores lucros com o capital investido, podendo, para tanto, impor condições de trabalho mais precárias aos trabalhadores, buscando reduzir custos de produção.

Por outro lado, não obstante os efeitos nocivos trazidos pela economia de mercado globalizado às relações de trabalho, precarizando as condições de trabalho e afrontando os princípios do Direito do Trabalho, ensina *Pedro Paulo Teixeira Manus* que paradoxalmente há também o "aperfeiçoamento das relações de trabalho, como a intervenção sindical nas relações de trabalho, alteração na própria estrutura sindical, formas alternativas de trabalho, contratos

(20) MANUS, Pedro Paulo Teixeira. *A transição do direito do trabalho no Brasil*, p. 312.
(21) "Proposições para reforma trabalhista", *Revista LTr*, 68-05/519, 2004.

a prazo e contratos de trabalho temporário, banco de horas e possibilidade de alteração de regras básicas sempre através de negociação coletiva".[22]

O que se percebe é que a flexibilização, que tem como base a autonomia coletiva dos particulares, com a participação efetiva dos trabalhadores, das entidades sindicais e das empresas, tende a fortalecer o processo de representação sindical e a própria negociação coletiva. Caso contrário, haverá o desprestígio e enfraquecimento das bases sindicais, do seu poder e legitimidade de representação no processo decisório de flexibilizar direitos trabalhistas.

A participação das centrais sindicais no processo de flexibilização em países como Itália e Espanha foi fundamental para a implantação de medidas que possibilitassem o aumento dos postos de trabalho e da contenção da crise econômica. Ainda que os objetivos não tenham sido alcançados na sua íntegra, não se pode negar os aspectos positivos da flexibilidade para harmonizar a realidade moderna com as estruturas sociais e jurídicas.

Os modelos de organização sindical com garantias de plena liberdade sindical, com valorização da autonomia privada coletiva, com participação dos trabalhadores nas principais discussões no âmbito das empresas, com a prevalência da democracia social, foram fatores que contribuíram para a flexibilização na Europa.

Contudo, as flexibilizações das leis trabalhistas na Europa tiveram como objetivo o aumento da produtividade, redução de custos dos bens e serviços, ao passo que na América Latina a flexibilização visa a reduzir custos da mão-de-obra com a precarização dos direitos trabalhistas.[23]

Especificamente sobre a experiência das reformas trabalhistas na Espanha na década de 90, que visavam a buscar soluções para o desemprego, existe muita desinformação no Brasil a esse respeito, como bem salienta *José Pastore*.[24]

O problema do desemprego foi objeto de três frentes de ações: acelerar o crescimento econômico, melhorar a educação e modernizar a legislação trabalhista.

---

(22) MANUS, Pedro Paulo Teixeira. *Negociação coletiva e contrato individual de trabalho*, p. 314.

(23) SÜSSEKIND, Arnaldo. *Instituições de direito do trabalho*, p. 519.

(24) "A reforma trabalhista da Espanha", *Jornal O Estado de São Paulo*, Caderno de Economia, 30.11.04, p. b2.

Segundo o autor, houve uma queda na taxa do desemprego, passando de 24% para 10,5% em setembro de 2004, bem como a informalidade do trabalho também recuou de 12% para 6% e a utilização do seguro-desemprego caiu de 22% para 7%. As ações na esfera da legislação trabalhista concentraram-se na criação de novos tipos de contratos de trabalho, tais como: por tempo parcial, eventual, obra certa, interino, de formação de jovens, de estímulo às pessoas de meia-idade. Referidos contratos eram mais simples e com custos menores para as empresas, já para os trabalhadores ofereciam proteções parciais, contudo, com garantias fundamentais (seguro-desemprego, saúde, previdência etc.).

A utilização dos contratos de trabalho com proteções menores foi cedendo lugar aos contratos com maior proteção desde o início da implantação das reformas trabalhistas em 1997 até o final de 2004.

A conclusão de *José Pastore* é no sentido de que:

> "Esses fatos mostram que reformas trabalhistas têm de ser contínuas e corretivas, quando necessário. Trata-se de um processo dinâmico e não de um ato estanque. Os que criticam a experiência espanhola precisam render um mínimo de respeito aos dados. Entre nós, há grande resistência em criar contratos com proteções parciais. Por querermos o ótimo, ficamos com o péssimo. Sim, porque a lei atual protege uma pequena elite de 40% dos brasileiros. Os demais vivem na selvageria da informalidade".(25)

Há exemplos no ordenamento jurídico brasileiro de dispositivos que demonstram alguma tentativa de flexibilidade da nossa legislação, condicionada à regulamentação em acordo ou convenção coletiva de trabalho, prestigiando, dessa forma, a negociação coletiva e a atuação sindical, tais como: redução salarial (art. 7º, VI, da CF); compensação de horários de trabalho (art. 7º, XIII, da CF e Lei n. 9.601/98), ampliação da jornada de seis horas de turnos ininterruptos; contrato de trabalho por prazo determinado com redução de direitos (Lei n. 9.601/98); trabalho a tempo parcial (art. 58-A, alterado pela Medida Provisória n. 1.709/98); suspensão do contrato de trabalho (art. 476-A da CLT, alterado pela Medida Provisória n. 2.164/01).

(25) *Op. cit.*, mesma página.

Contudo, tais flexibilidades ainda não foram capazes de provocar o invocado "desengessamento" da gestão empresarial, notadamente das pequenas e médias empresas, maiores geradoras de empregos no Brasil, cujos elevados encargos sociais incidentes sobre a mão-de-obra acabam por motivar a informalidade da prestação de serviços.

Em outubro de 2001, a Presidência da República enviou ao Congresso Nacional o Projeto de Lei n. 5.483/01 para alterar o art. 618 da CLT, com o objetivo de estabelecer a flexibilização das relações de trabalho, mediante a prevalência dos instrumentos negociais coletivos sobre a legislação infraconstitucional.

A redação do art. 618 da CLT aprovada pela Câmara dos Deputados foi a seguinte:

> "Art. 618. Na ausência de convenção ou acordo coletivo firmados por manifestação expressa da vontade das partes e observadas as demais disposições do Título VI desta Consolidação, a lei regulará as condições de trabalho.
>
> § 1º A convenção ou acordo coletivo, respeitados os direitos trabalhistas previstos na Constituição Federal, não podem contrariar a lei complementar, as Leis ns. 6.321, de 14 de abril de 1976, e 7.418, de 16 de dezembro de 1995, a legislação tributária, a previdenciária e a relativa ao FGTS, bem como as normas de segurança e saúde do trabalho.
>
> § 2º Os sindicatos poderão solicitar o apoio e o acompanhamento da central sindical, da confederação a que estiverem filiados quando da negociação de convenção ou acordo coletivo previstos no presente artigo".

E, ainda, segundo o disposto no art. 2º do referido projeto, a lei vigoraria por dois anos, a partir da sua publicação. Contudo, o referido projeto não chegou a ser aprovado no Senado Federal, tendo sido inicialmente retirado o regime de urgência e, posteriormente, com a eleição do novo Governo Federal, arquivado.

Por ocasião da aprovação do novo texto do art. 618 da CLT pela Câmara dos Deputados houve uma ampla discussão pelos pensadores e operadores do direito sobre essa proposta neoliberal do Poder Executivo para modernização das relações do trabalho, com a prevalência do negociado sobre o legislado.

A esse respeito, numa análise crítica sobre os efeitos dessa flexibilização dos direitos trabalhistas, *Wagner D. Giglio* alerta que a diminuição de direitos dos trabalhadores não gera empregos e que "vencer a concorrência à custa de piores condições de trabalho seria nivelar por baixo a classe trabalhadora, ganhar o concurso para a escolha do país mais pobre".(26)

Por outro lado, reconhece o autor a necessidade de reforma da legislação trabalhista, ultrapassada pelas modificações da economia e pela diversidade das novas relações de trabalho. Ressalta que "se a ciência do Direito se compõe da interação de fatos, valores e normas, como estabelece a teoria tridimensional de *Miguel Reale*, não há dúvida que esses fatos novos impõem modificação das normas".(27)

A concepção do Estado tutelar das relações de trabalho, com regulamentações inderrogáveis, tende a ceder espaço para a flexibilização negociada das leis trabalhistas pelos atores sociais, flexibilidade esta que passa a ser uma realidade do mercado de trabalho. Mais precisamente, não é a flexibilização que decorre da negociação coletiva, mas é a negociação coletiva que é estimulada pela necessidade de flexibilização.(28)

Para *Amauri Mascaro Nascimento* "a flexibilização negociada, resultante da autonomia coletiva para adaptação e regulamentação do direito do trabalho, é mais consistente do que a impositiva, desregulamentadora, e, nesse ponto, é necessária uma correção de rumos".(29)

A intocabilidade dos direitos adquiridos passa a ser alvo da flexibilidade do mercado de trabalho e da necessidade de adaptação do funcionamento da empresa à nova realidade econômica dinâmica e imprevisível.

Políticas de garantia do emprego e leis salariais rígidas, sem previsão de redutibilidade, no atual cenário de crise econômica mundial, de constante queda no nível de emprego e de novas tecnologias, tornam-se inviáveis.

Para a corrente doutrinária flexibilista ou semi-flexibilista, a rigidez do direito do trabalho deve ser quebrada, adaptando as suas

(26) "A prevalência do ajustado sobre a legislação", *Revista LTr*, 66-04/404, 2002.
(27) *Op. cit.*, p. 403.
(28) MANNRICH, Nelson. *A modernização do contrato de trabalho*, p. 78.
(29) *Curso de direito do trabalho*, p. 117.

normas à realidade econômica ou às condições tecnológicas das empresas, pela via da negociação coletiva de trabalho. A flexibilização não se traduz necessariamente em precarização das condições de trabalho, bem como não é incompatível com a proteção dos trabalhadores. Nesse caso, os contratos de trabalho atípicos ou precários, em detrimento dos contratos de trabalho tradicionais, é uma alternativa de inclusão laboral, diante da crise do emprego.

Para os adeptos da corrente doutrinária anti-flexista, o propósito principal da flexibilização é reduzir direitos trabalhistas dos empregados, precarizando condições de trabalho, em nome do desenvolvimento econômico. Significa um retrocesso nas normas e nos princípios de proteção ao trabalho e um aumento do poder do capital.

Independentemente do conteúdo dogmático da concepção adotada, a flexibilização é irreversível nos tempos modernos e decorre de fatores econômicos (globalização da economia, crise econômica), sociológicos (crescimento do mercado de trabalho no setor de serviços, desemprego) e tecnológicos (automação, comunicação). Em verdade, os referidos fatores legitimam o pleito da classe empresarial em exigir flexibilização das normas que regulam as relações do trabalho, como instrumento de gestão da sua atividade econômica.

O Direito do Trabalho deve estar alinhado a essa nova realidade de economia de mercado, onde a flexibilização das normas de tutela dos trabalhadores passa a ser uma exigência da sociedade, como forma de encontrar soluções para o mercado de trabalho, tendo como base o diálogo do processo negocial coletivo, legítimo, compartilhado e descentralizado.

Ensina *Antonio Rodrigues de Freitas Junior* que:

> "A flexibilização por si mesma não sugere nem a ampliação nem a redução dos mecanismos reguladores que incidem numa dada relação social. Simplesmente confere aos seus partícipes imediatos o poder de conduzir atitudes reguladoras que lhes digam respeito, atendidos certos limites impostos, no mais das vezes, por intermédio de lei".(30)

Esse processo de flexibilização participativa e negociada visando à adaptação das normas heterônomas não se confunde com

(30) "Os direitos sociais e a nova Constituição brasileira — protecionismo jurídico e desregulação da relação de emprego", *Revista LTr* 52-7/799.

desregulação ou desregulamentação, como dito anteriormente. Nesta, a autonomia privada coletiva estabelece preponderantemente as condições de emprego sem intervenção do Estado, enquanto que naquela algumas normas de ordem pública são impostas pelo Estado, o qual admite em determinadas regras que sejam adaptadas ou complementadas pela autonomia coletiva dos particulares, notadamente pela negociação coletiva.

Nesse sentido, para *Jean-Claude Javillier* "a desregulamentação não é uma solução", devendo permanecer intangível um núcleo de normas heterônomas, na medida em que a ordem jurídica deve proporcionar e assegurar "a dignidade da pessoa humana", como um dos fundamentos do Estado Democrático do Direito, consagrado pelo art. 1º, III, da Constituição Federal.(31)

Na América Latina a flexibilização deve ter como foco equilibrar as desigualdades sócio-econômicas e redefinir o papel tutelar do Estado nas relações de trabalho. No Direito do Trabalho brasileiro ainda prevalece a concepção do direito estritamente protetor do trabalhador, com direitos irrenunciáveis, decorrentes principalmente de normas estatais.(32)

Dessa forma, segundo *Arnaldo Süssekind*, para a efetiva flexibilização do Direito do Trabalho no Brasil, o ordenamento jurídico deve assegurar que:

> "a) os sistemas legais se constituam de regras gerais indisponíveis, que estabeleçam um mínimo de proteção a todos os trabalhadores, abaixo do qual não se concebe a dignidade do ser humano; b) esses sistemas abram espaço para flexibilizar a sua aplicação ou para a complementação do piso protetor irrenunciável, mediante negociação coletiva, isto é, com a participação dos correspondentes sindicatos, aos quais cumpre assegurar a liberdade sindical, tal como prevista na Convenção da OIT n. 87".(33)

Portanto, o novo papel do Estado seria no sentido de disciplinar as hipóteses de flexibilização, condicionadas à negociação coletiva de trabalho, e estabelecer normas legais mínimas e não transacionais de proteção à dignidade do trabalhador.

---

(31) Synthesis n. 23/96, *Revista do TRT da 2ª Região*, p. 14 e 16, *apud* SÜSSEKIND, Arnaldo. *A transição do direito do trabalho no Brasil*, p. 37.

(32) ROBORTELLA, Luiz Carlos. *O moderno direito do trabalho*, pp. 125 e 132.

(33) *A transição do direito do trabalho no Brasil*, p. 37.

Por sua vez, a premissa básica para que a negociação coletiva seja eficaz e legítima, num processo de flexibilização dos direitos trabalhistas, é que os sindicatos tenham efetivamente representatividade para defender os interesses dos seus associados e representados, característica esta comprometida no modelo de organização sindical brasileiro, nitidamente de liberdade restrita, com unicidade e representação por categoria impostas por lei.

4.3. REFORMA SINDICAL

A discussão da reforma do modelo de organização sindical no Brasil tem como ponto de partida a crise pela qual está passando o movimento sindical. A fragilidade do sindicato é decorrente da própria legislação reguladora, que não permite que possa o mesmo se organizar democraticamente e com pluralidade.

A esse respeito, a Associação Nacional dos Magistrados da Justiça do Trabalho — Anamatra, em seus estudos sobre uma possível e necessária reforma sindical, cita alguns fatores dessa crise do sindicalismo numa perspectiva local: ausência de organização nos locais de trabalho; distanciamento entre as bases e as cúpulas das entidades sindicais; distanciamento entre as bases e os outros segmentos da sociedade; contribuição sindical obrigatória; não reconhecimento oficial no sistema confederativo das centrais sindicais; impossibilidade de celebração de contratos coletivos em níveis maiores; restrições ao direito de greve; empregos quase sem proteção, com aumento da rotatividade, fazendo com que os trabalhadores evitem a ação sindical e percam o sentido de solidariedade; poder normativo da Justiça do Trabalho, não obstante tenha aspectos positivos; atos anti-sindicais sem efetiva repressão.(34)

Como dito anteriormente, a globalização da economia de mercado atingiu os sindicatos de uma maneira geral, alterando o processo produtivo, transformando as unidades industriais, descentralizando a prestação de serviços, automatizando os meios de produção, eliminando postos de trabalho, muitas vezes precarizando condições de trabalho, aumentando a competitividade entre as empresas, deslocando o capital para regiões com custos fiscais e de mão-de-obra menores e diminuindo o poder de atuação e de negociação das entidades sindicais profissionais.

---

(34) VIANA, Márcio Túlio. "A reforma sindical, entre o consenso e o dissenso", *Revista LTr*, 68-08/932, 2004.

Contudo, a globalização traduzida em salários mais baixos e normas trabalhistas menos rígidas não significa necessariamente atrativos ao capital estrangeiro. Os investidores podem preferir custos mais altos, desde que haja estabilidade política, infra-estrutura, demanda por bens e serviços e relações de trabalho pacíficas.[35]

Atualmente, no mundo do trabalho há um déficit de representação, que vem preocupando a OIT, na medida em que a existência de representantes dos trabalhadores independentes para manifestarem seus anseios e interesses é pressuposto para melhores condições de trabalho, com liberdade, justiça e respeito à dignidade humana. Da mesma forma do lado empresarial, cujos representantes exercem papel importante como interlocutores no processo de negociação das reivindicações dos empregados, de acordo com a realidade das empresas.

Esclarece *Cássio Mesquita Barros* que "a representação sindical proporciona a realização de acordos e a diminuição de arestas. A falta de representação de interesses de trabalhadores e empregadores por organizações livremente constituídas pode criar conflitos de conseqüências mais onerosas, gerando instabilidade social".[36]

A representatividade sindical, ou melhor, a carência de representatividade sindical é um dos pontos centrais das críticas de doutrinadores, juristas e operadores do Direito do Trabalho a respeito do sindicalismo vigente no País.

Assim, a discussão de propostas a respeito da reforma do modelo de organização sindical brasileiro coube ao Fórum Nacional do Trabalho criado pelo Governo Federal em agosto de 2003 e instalado no âmbito do Ministério do Trabalho e Emprego. Com uma composição tripartite, com representantes de empregadores, empregados e do governo, o Fórum subdividiu-se em Grupos Temáticos para análise dos seguintes tópicos: Organização Sindical, Negociação Coletiva e Composição de Conflitos.

Os debates do Fórum deram origem a anteprojetos sem consensos sobre aspectos importantes da reforma, como: as organizações dos trabalhadores nos locais de trabalho, a substituição processual pelos sindicatos, o direito de greve, entre outros. Esses anteproje-

(35) BARROS, Cássio Mesquita. "Representatividade dos sindicatos", *Revista LTr*, 68-09/1049, 2004.

(36) *Op. cit.*, mesma página.

tos foram consolidados pelo Governo num grande projeto de lei com 238 artigos, apesar dos pontos de dissensos entre os componentes do Fórum, o qual foi apresentado ao Congresso Nacional em março de 2005, precedido pela devida PEC — Proposta de Emenda à Constituição de n. 369/05.

Muito embora o projeto de reforma das relações sindicais não seja o objeto principal do nosso estudo, é importante analisar as principais alterações contidas na proposta encaminhada ao Legislativo, não só pelas repercussões nas relações coletivas do trabalho, mas também pelas premissas e pelos conceitos que serviram de base para a sua elaboração.

Na exposição de motivos do referido projeto de lei foram destacados os principais objetivos da reforma sindical:

> "a) o fortalecimento da representação sindical, de trabalhadores e de empregadores, em todos os níveis e âmbitos de representação;
>
> b) o estabelecimento de critérios de representatividade, organização sindical e democracia interna;
>
> c) a definição de garantias eficazes de proteção à liberdade sindical e de prevenção de condutas anti-sindicais;
>
> d) a promoção da negociação coletiva como procedimento fundamental do diálogo entre trabalhadores e empregadores;
>
> e) a extinção de qualquer recurso de natureza pára-fiscal para custeio de entidades sindicais e a criação da contribuição de negociação coletiva;
>
> f) o estímulo à adoção de meios de composição voluntária de conflitos do trabalho, sem prejuízo de acesso ao Poder Judiciário;
>
> g) o reconhecimento da boa-fé como fundamento do diálogo social e da negociação coletiva;
>
> h) a democratização da gestão das políticas públicas na área de relações do trabalho por meio do estímulo ao diálogo social;
>
> i) a disciplina do exercício do direito de greve no contexto de uma ampla legislação sindical indutora da negociação coletiva;
>
> j) a disposição de mecanismos processuais voltados à eficácia dos direitos materiais, da ação coletiva e da ação jurisdicional da Justiça do Trabalho; e
>
> k) a definição de regras claras de transição para que as entidades sindicais preexistentes possam se adaptar às novas regras."

Contudo, pelo que se vê pelo projeto de reforma sindical, esses objetivos dificilmente serão atingidos, conforme analisaremos neste tópico.

Há uma clara tendência de centralização do poder sindical nos órgãos de cúpula, notadamente nas centrais sindicais, que pelo projeto de lei passam a ter personalidade jurídica sindical e a constituir-se como órgãos de direção e instâncias superiores máximas da organização sindical.

A exposição de motivos do anteprojeto já deixava clara essa intenção de fortalecer as entidades sindicais de grau superior ao tentar justificar-se que "ocorreu uma dispersão da negociação coletiva, traduzida em sua progressiva descentralização para as empresas e que reflete, em certa medida, a tendência à pulverização sindical".

Márcio Túlio Viana[(37)] aponta como aspectos positivos dessa centralização da organização sindical nas centrais sindicais a visibilidade, a coesão, a unidade e o peso político que daria ao movimento sindical. Mas, reconhece que, em contrapartida, haveria o risco do sistema sindical tornar-se mais burocrático, além do que a proximidade dos dirigentes das centrais com o Poder e a ausência de controle por parte das bases poderia levar a um "peleguismo de cúpula", com envolvimento com os interesses do capital.

Já *Amauri Mascaro Nascimento* faz o seu alerta sobre essa proposta de concentração da negociação nas centrais sindicais:

> "A centralização da negociação coletiva com reserva de matéria de uma entidade de cúpula, o que significa um contrato coletivo de nível maior, pode proibir temas que em um sistema livre poderiam ser negociados em níveis sindicais menores, pode limitar a liberdade de negociação coletiva das bases sindicais, o que contraria o princípio da autonomia privada coletiva e desautoriza a idéia de que em nível de empresa há necessidades e questões próprias que só as bases, e não as Centrais, poderão melhor resolver mantendo entendimentos com a empresa segundo uma lógica de adequação dos pleitos à situação real de cada empresa".[(38)]

---

(37) "A reforma sindical entre o consenso e o dissenso", *Revista LTr*, 68-0/9388, 2004.
(38) *Compêndio de direito sindical*, p. 508.

Como dissemos anteriormente, as negociações coletivas por empresas, instrumentalizadas em acordos coletivos de trabalho, são muito mais eficazes para estabelecer condições de trabalho, regular as relações entre empregados e empregadores e solucionar conflitos coletivos, tendo em vista a sua maior proximidade com a realidade local do capital e trabalho. Isto não significa uma ameaça ao movimento sindical. Trata-se de uma tendência do direito coletivo moderno de descentralização da negociação coletiva do âmbito da categoria para o da empresa.

Está havendo um aumento na quantidade de trabalhadores nas pequenas empresas, em decorrência da dispersão industrial, das transformações dos meios produtivos com novas tecnologias, do processo de deslocamentos regionais (internos e externos) das unidades fabris, da redução do volume de trabalhadores nas grandes corporações econômicas e terceirizações de atividades, entre outros fatores.

Está claro que o poder sindical está diretamente relacionado com a capacidade que as lideranças possuem de mobilizar as bases.

Assim, num modelo sindical centralizado nas entidades de cúpula, as lideranças das bases têm menos autonomia de decisão em relação aos seus representados. Haverá um afastamento do poder sindical da realidade dos trabalhadores no chamado chão-de-fábrica e com isto uma provável queda nas taxas de filiação, ou seja, de representatividade e de força do sindicalismo.

A esse respeito conclui *Leôncio Martins Rodrigues* que "o volume e a proporção de trabalhadores filiados são indicadores relevantes da força do sindicalismo e do poder sindical, que tem, como um de seus principais instrumentos de efetivação, a capacidade de fazer greves".[(39)]

De fato, a denominada "dessindicalização" pelo autor, reduz a força dos sindicatos, afetando de forma negativa o seu poder de atuação.

O sindicato, enquanto movimento de trabalhadores, necessita estar organizado e ter legitimidade para representá-los, o que se torna mais ainda complexo numa realidade de fragmentação dos interesses dos trabalhadores, que dificulta a coesão e a solidariedade entre os mesmos.

---

(39) *Destino do sindicalismo*, p. 154.

Sobre a queda das taxas de sindicalização, isto não significa necessariamente um dilema para os sindicatos no Brasil pelo nosso atual sistema organizativo, visto que sócios e não sócios integram a categoria e assim têm que contribuir obrigatoriamente para o custeio da respectiva entidade. Mas essa situação poderá vir a se tornar um problema, pois pelo projeto de lei os sindicatos, para adquirirem a sua personalidade sindical, dependerão da sua efetiva representatividade, ainda que na forma derivada.(40)

Essa proposta de reforma da organização sindical brasileira foi concebida em duas etapas: o projeto de emenda constitucional aos arts. 8º, 11, 37 e 114 da Lei Superior e o projeto de lei ordinária disciplinando a organização sindical e as relações coletivas do trabalho.

O próprio projeto de emenda constitucional, a exemplo do que ocorre com o projeto da reforma sindical, traz contradições e incoerências no seu texto.

Almir Pazzianotto Pinto faz o seu alerta aos referidos projetos:

> "Os projetos são, porém, de tal forma autoritários, contraditórios, confusos e atrasados que, de pronto, surgiram adversários entre empregadores e empregados, para impedir que uma contra-reforma cause mais dificuldades às relações individuais e coletivas de trabalho e se converta em fator de desestímulo a investimentos geradores de empregos".(41)

Em linhas gerais o projeto de emenda à Carta Magna comporta as seguintes observações:

a) O art. 8º da Constituição Federal assegura a liberdade sindical e estabelece em seu inciso I que o Estado não poderá exigir autorização para fundação da entidade sindical, mas reserva ao órgão Executivo Estatal a prerrogativa de concessão de personalidade sindical às entidades que atenderem a determinados requisitos de representatividade, de representação em todos os níveis de negociação e participação democrática dos representados.

---

(40) NASCIMENTO, Amauri Mascaro. *Compêndio de direito sindical*, p. 507.

(41) "A contra-reforma sindical", *Jornal O Estado de São Paulo*, Caderno de Economia, edição de 14.3.05.

b) O inciso IV do art. 8º prevê que a legislação ordinária (projeto de lei da reforma sindical) poderá autorizar a assembléia geral a estabelecer contribuição a favor das entidades sindicais a ser custeada por todos os abrangidos pela negociação coletiva. Note-se que o atual *caput* do referido artigo assegura taxativamente que "é livre a associação profissional ou sindical", mas de fato essa alardeada liberdade não resiste à compulsoriedade de cobrança da contribuição sindical de todos os representados na categoria, apenas para citar uma das contradições. Essa arbitrariedade e contra-senso foram mantidos pelo projeto de emenda constitucional: a contribuição obrigatória foi mantida, com a "nova roupagem" de Contribuição de Negociação Coletiva, conforme veremos adiante.

c) Revoga-se o inciso II do art. 8º, que hoje veda a criação de mais de uma organização sindical, em qualquer grau, de representatividade de categoria profissional ou econômica, na mesma base territorial, a qual não pode ser inferior à área de um Município, ou seja, a famigerada unicidade sindical estaria, a princípio, sendo extirpada do nosso ordenamento jurídico. Todavia, na realidade não é o que se vislumbra com as regras propostas pela reforma sindical, tendo em vista a possibilidade de "exclusividade de representação", como será analisado.

d) O art. 114, § 2º, prevê que, havendo recusa das partes na arbitragem voluntária, poderão de "*comum acordo* (grifamos), na forma da lei, ajuizar ação normativa, podendo a Justiça do Trabalho decidir o conflito, respeitadas as disposições mínimas legais de proteção ao trabalho, bem como as convencionadas anteriormente." O referido dispositivo constitucional em vigor, alterado pela Emenda Constitucional n. 45/04, já traz essa mesma previsão no sentido de que apenas de comum acordo as partes poderão levar à apreciação da Justiça do Trabalho o conflito coletivo de interesses. Numa primeira análise, condicionar literalmente o ajuizamento de dissídio coletivo ao comum acordo das partes é no mínimo desprezar as diferenças que levaram ao insucesso da negociação coletiva (e dos outros meios de composição do conflito coletivo) e entender que haverá um consenso quando se tratar de levar esse assunto à apreciação e julgamento de um terceiro, que não participou do processo negocial.

Passaremos, então, à análise de alguns pontos importantes do projeto de lei de reforma das relações coletivas de trabalho, tendo em vista o nosso tema de estudo.

A) Organização sindical

As entidades sindicais de trabalhadores e empregadores poderão se organizar na forma de confederação, federação e sindicato, com âmbito de atuação nacional, interestadual, estadual e municipal. Os trabalhadores poderão organizar-se, além destas formas, também em centrais sindicais de âmbito nacional, a partir de sindicatos de qualquer setor econômico ou ramo de atividade.

O município será o âmbito territorial mínimo de representação do sindicato, como ocorre hoje na base territorial mínima definida no atual modelo sindical brasileiro.

Nesse aspecto de organização, conforme já mencionado, a novidade é que a central sindical fará parte do sistema confederativo sindical, assumindo de direito a personalidade sindical. É o sistema confederativo organizado por central sindical. Haverá uma inversão da base piramidal da estrutura sindical, dos sindicatos para as centrais sindicais.

A organização por ramo de atividade ou setor econômico preponderante no âmbito de atuação da entidade sindical equivale ao conceito de categoria econômica ou profissional vigente no nosso ordenamento jurídico. Não que isto seja algo positivo, pois mantém a vinculação do sindicato ao ramo de atividade patronal, ou seja, continuará a representação sindical apenas dos incluídos no mercado de trabalho, isto é, os trabalhadores com vínculos formais de emprego, deixando de lado trabalhadores informais, trabalhadores desempregados, trabalhadores cooperativados, trabalhadores autônomos entre outros.

As mesmas críticas feitas ao sistema de categorias podem ser compatíveis com o sistema de setores econômicos e ramos de atividades econômicas, sendo, entretanto, o ponto primordial de análise desses modelos o real grau de liberdade que gozam as entidades sindicais de se organizarem.[42]

Extinguem-se, a princípio, as categorias diferenciadas e a equiparação dos profissionais de formação superior, com vínculo de emprego, aos liberais. Também não há que se falar em sindicato por empresa ou por profissão.

---

(42) NASCIMENTO, Amauri Mascaro. *Compêndio de direito sindical,* p. 584.

B) Personalidade sindical e representatividade sindical

A personalidade sindical, que habilita ao exercício das atribuições e das prerrogativas sindicais, será atribuída por ato do Ministro do Trabalho e Emprego, quando preenchidos os requisitos de representatividade.

O art. 8º, I, do projeto de emenda constitucional prevê que a fundação da entidade sindical não dependerá de autorização do Estado. Contudo, o inciso II é a base para o retrocesso na autonomia sindical, com o controle administrativo estatal sobre as entidades sindicais, por meio do citado órgão ministerial, a quem cabe conferir a autorização para o exercício das prerrogativas sindicais.

Não há qualquer "modernização do sistema de relações sindicais", como alude a exposição de motivos do projeto de reforma sindical, mas uma tutela estatal exacerbada e sem propósitos, típica de um modelo corporativista, como da era de Getúlio Vargas. É a contra-mão do Estado apenas no papel de regulador do desenvolvimento sócio-econômico, que incentiva a atividade empresarial e valoriza a autonomia coletiva dos particulares, no âmbito das relações do trabalho.

Pela proposta, a intervenção e a ingerência estatal (Estado-Nação) não se limitará a esse aspecto autoritário, mas caberá também deliberar e aprovar a lista de agregação por setores econômicos e ramos de atividades das entidades sindicais de trabalhadores e empregadores, as disposições estatutárias mínimas dos sindicatos que pretenderem obter e manter a exclusividade de representação. Essa autoridade tutelar será exercida tanto de forma direta pelo Estado, através do Ministério do Trabalho e Emprego, quanto de forma indireta, compartilhada com representantes de empregadores e trabalhadores, em câmaras tripartites, através do Conselho Nacional de Relações do Trabalho.

O Estado participará da definição dos procedimentos e prazos para contestação e confirmação da representatividade, bem como da decisão das soluções dos referidos conflitos de representação entre entidades sindicais.

É praticamente o retorno da antiga Comissão de Enquadramento Sindical do Ministério do Trabalho, anterior à Constituição Federal de 1988, só que agora com uma nova roupagem de modernidade, com pretensos instrumentos participativos dos atores sociais, mas com típico conteúdo intervencionista e autoritário estatal.

A representatividade sindical poderá ser comprovada ou derivada. Comprovada quando satisfizer os requisitos de representatividade no âmbito de representação. Derivada quando se vincular a central sindical, a confederação ou a federação possuidora de representatividade comprovada, ou seja, nesse caso haverá uma transferência da representatividade da entidade de nível superior para inferior, desde que tenha uma "gordura" no seu índice de representatividade.

O sindicato dos trabalhadores obterá a representatividade comprovada quando englobar pelo menos 20% dos trabalhadores do seu âmbito de autuação.

Já o sindicato de empregadores terá a representatividade comprovada desde que cumpridos dois dos seguintes requisitos: filiação de pelo menos 20% das empresas ou unidades econômicas em seu âmbito de representação; filiação de empresas ou unidades econômicas, cuja soma de capital social seja igual ou superior a 20% da soma do capital social das empresas ou unidades econômicas em seu âmbito de representação; filiação de empresas ou unidades econômicas, cuja soma do número de seus empregados seja igual ou superior a 20% da soma do número de empregados das empresas ou unidades econômicas no respectivo âmbito de representação.

Com esse critério da representatividade derivada haverá o risco de inibir-se a criação de sindicatos independentes, bem como de gerar um desequilíbrio entre entidades sindicais com representatividade comprovada e àquelas com representatividade derivada, na medida que estas terão o apoio administrativo e financeiro da entidade de nível superior.(43)

Além do que, a aquisição ou preservação da personalidade jurídica por representatividade derivada fará com que a respectiva entidade sindical vincule-se à estrutura organizacional da entidade superior transferidora. Dessa forma, haverá uma perda de autonomia da entidade sindical que optou por essa representatividade derivada em favor da entidade "mãe".

É a organização sindical baseada no sindicalismo orgânico, em que as centrais sindicais criam as suas estruturas externas nos demais níveis inferiores, cujas entidades dependem organicamente da entidade constitutiva de cúpula.

---

(43) VIANA, Márcio Túlio. "A reforma sindical, entre o bem e o mal (análise dos pontos críticos do último anteprojeto)", *Revista LTr*, 68-12/1430, 2004.

Nesse sistema organizativo poderão coexistir, a princípio, sindicatos com representatividade comprovada e de efetiva autenticidade, com entidades sindicais com representatividade derivada e artificial, comprometidas muito mais com o direcionamento dos órgãos de grau superior do que com os interesses legítimos da sua base de representados.

Qualquer entidade, ainda que sem personalidade sindical no mesmo âmbito de representação, poderá contestar os índices de representatividade. A contestação deverá observar o prazo mínimo de três anos da data da aquisição da personalidade sindical ou da última confirmação da representatividade.

C) Exclusividade de representação

O sindicato que obteve registro antes da vigência da nova legislação sindical poderá conseguir a exclusividade de representação na sua base, mediante deliberação de assembléia de filiados e não-filiados e alteração do seu estatuto com inclusão de normas que assegurem a ampla participação dos representados. Essas condições deverão ser comprovadas no prazo de 12 meses a contar da data da aprovação pelo Ministro do Trabalho e Emprego dos requisitos estatutários democráticos para a obtenção da exclusividade de representação. Durante esse período a referida entidade sindical conservará a sua exclusividade de representação.

A representatividade das entidades de trabalhadores que optarem pela exclusividade de representação terá que ser comprovada num período de transição. Pela proposta apresentada ao Congresso Nacional esse período é de 36 meses, prorrogáveis por mais 24 meses, a contar da vigência da lei de reforma sindical. Para as entidades de empregadores esse prazo para comprovação da representatividade será de 60 meses, prorrogáveis por 24 meses. Após esse período, se não comprovada a representatividade, perderá a exclusividade, caso em que poderá existir mais de um sindicato no mesmo âmbito de representação.

Ressalte-se que a representatividade para fins de exclusividade de representação não poderá ser derivada, mas comprovada. Contudo, mesmo com a perda da exclusividade o sindicato poderá manter a sua personalidade sindical mediante o critério da representatividade derivada.

Será também permitida a existência de mais de um sindicato na hipótese de modificação no âmbito de representação da entidade sindical.

Portanto, haverá uma espécie de direito adquirido dos sindicatos pré-existentes à nova legislação de relações sindicais, que poderão manter a sua atual característica de unicidade sindical, manifestada sob a nova forma de exclusividade de representação. Será a unicidade sindical dentro da possibilidade de pluralidade sindical.

O próprio projeto de lei define, em seu art. 38, a exclusividade de representação como "a concessão de personalidade sindical a um único sindicato no respectivo âmbito de atuação".

Dessa forma, optando os sindicatos atuais pela exclusividade de representação e observando os requisitos previstos no projeto de lei, os mesmos permanecerão como entidades únicas detentoras da exclusividade de representação das suas bases. Para tanto, disporão de tempo necessário para adequarem-se às novas exigências e assim continuarem a gozar dos benefícios da personalidade sindical sem concorrência.

Fazendo um paralelo entre unicidade vigente e a exclusividade nos termos propostos, *Amauri Mascaro Nascimento*(44) destaca que aquela é uma espécie de blindagem contra a concorrência no âmbito sindical, para o mesmo grupo de representados e na mesma delimitação geográfica. Por sua vez, a exclusividade não tem esse poder de escudo protetor contra a criação de sindicatos concorrentes, na medida em que a representatividade pode a qualquer momento ser questionada e perdida, dando espaço para outra entidade mais representativa num dado momento.

O projeto de lei de reforma sindical continuará a se opor à Convenção n. 87 da OIT, pois limita a liberdade sindical, retoma o enquadramento sindical, impõe o sindicato por ramo de atividade econômica, mantém a contribuição obrigatória para custeio do sistema sindical, restabelece a intervenção Estatal na organização sindical, enfim, encontra-se no caminho oposto ao da ampla liberdade sindical consagrado pela referida convenção internacional.

Por outro lado, assevera *José Carlos Arouca* que "a OIT já se conformou com a unicidade na pluralidade, proclamando não ser

(44) *Compêndio de direito sindical*, p. 585.

necessariamente incompatível com a Convenção n. 87 a designação ou credenciamento do sindicato mais representativo, na qualidade de agente exclusivo de negociação".(45)

Para tanto, seriam necessárias certas garantias, como: que a concessão do credenciamento esteja a cargo de um organismo independente; que a entidade representativa seja a que conseguir maioria de votos dos trabalhadores da unidade de negociação; que a entidade que não tenha reunido número de votos suficiente tenha o direito de requer nova eleição num determinado prazo.

Em verdade, o sistema de plena liberdade sindical propugnado pela referida Convenção da OIT não determina que a lei deva impor a pluralidade sindical, mas sustenta que à lei não caberá disciplinar a estrutura e organização internas aos sindicatos, aos quais incumbirão escolher a melhor forma de se instituírem, que poderá ser a unidade organizacional e prática.(46)

A OIT reconhece a unidade de fato da representação sindical, com a escolha do sindicato com maior representatividade, mas desde que o sistema jurídico assegure a pluralidade de associações, em qualquer nível.

A unicidade sindical decorrente de imposição legal vai de encontro à Convenção n. 87 da OIT e ao Pacto Internacional dos Direitos Econômicos, Sociais e Culturais da ONU, os quais consideram a liberdade sindical sob os seguintes aspectos:(47)

1) Liberdade sindical coletiva: a liberdade de empregados e empregadores de unirem-se e instituírem um sindicato, redigirem seus estatutos e determinarem seu programa de ação;

2) Liberdade sindical individual: o direito dos empregados e empregadores de ingressarem ou se desassociarem do sindicato de sua escolha;

3) Autonomia sindical: o sindicato sem interferências estranhas.

Entre a doutrina há defensores da pluralidade e unidade sindical, cada corrente com as suas justificativas. Não existe necessariamente um modelo mais adequado. Deve haver no ordenamento

---

(45) "Reforma da legislação sindical — relatório do Fórum Nacional do Trabalho — primeira leitura", *Revista LTr*, 68-05/529, 2004.

(46) DELGADO, Mauricio Godinho. *Direito coletivo do trabalho,* p. 67.

(47) BARROS, Cássio Mesquita. *Curso de direito coletivo do trabalho*, p. 89.

jurídico a garantia de liberdade sindical ampla, possibilitando que trabalhadores e empregadores escolham democraticamente o modelo organizativo que atenda melhor às suas necessidades e interesses, podendo ser o sindicato único ou plúrimo.

Afirma, ainda, *José Carlos Arouca* que o sindicato de empresa é "assumidamente elitista, afastando da luta comum os trabalhadores das grandes corporações, onde se tem melhores salários e benefícios sociais, razão pela qual não buscarão a unidade para defender seus companheiros de empresas médias e pequenas".[(48)]

Entretanto, os sindicatos enquanto instituições geradas e enraizadas nos locais de trabalho devem direcionar a sua atuação direta junto aos trabalhadores nas suas bases, como forma de acompanhar e participar ativamente das negociações coletivas cada vez mais descentralizadas, como ocorre na Europa. Assim, entendemos que essa atuação no âmbito da empresa é uma questão de sobrevivência dos sindicatos, o que não impede que tenham também outros focos de atuação num nível mais amplo, como nos diálogos sociais, por exemplo.

Constata *Leôncio Martins Rodrigues* que a concentração de trabalhadores por estabelecimento industrial ou por local de trabalho está cada vez mais reduzida, tornando-se um dificultador para a representação dos sindicatos. Apesar da dispersão dos processos de produção e da desconcentração de trabalhadores por unidade de produção, as corporações transnacionais, continuaram como grandes empregadoras, mais poderosas e "com comandos e estratégias unificadas, com mais poder de fogo anti-sindical".[(49)]

Essa heterogeneidade dos grupos de trabalhadores representa uma diversidade de interesses e demandas e, por conseqüência, é cada vez mais difícil a representatividade dessas classes trabalhadoras por entidades sindicais num sistema de organização em que representam todos os integrantes de uma categoria profissional, de um ramo de atividade ou setor econômico.

D) Custeio das entidades sindicais

A proposta de reforma sindical substitui a contribuição sindical, confederativa e assistencial pela contribuição de negociação

---

(48) "Reforma da legislação sindical — relatório do Fórum Nacional do Trabalho — primeira leitura", *Revista LTr*, 68-05/529, 2004.

(49) *Destino do sindicalismo,* p. 179.

coletiva. Essa contribuição será devida à entidade sindical em razão da sua participação na negociação coletiva ou do resultado geral desta, ainda que decorrente de sentença judicial da Justiça do Trabalho.

A contribuição negocial dos trabalhadores será anual e o seu valor máximo corresponderá a 1% da remuneração percebida no ano anterior e será paga em, pelo menos, três parcelas mensais a partir do mês de abril. Haverá um rateio dos valores arrecadados entre os demais integrantes da estrutura organizativa da entidade sindical que participou da negociação coletiva, da seguinte forma: 10% para as centrais sindicais, 5% para as confederações, 10% para as federações, 70% para os sindicatos e 5% para o Fundo Solidário de Promoção Sindical — FSPS, a ser administrado por um conselho bipartite com representantes do governo e dos trabalhadores. Na hipótese da entidade sindical não estar vinculada a estrutura organizativa com qualquer dessas entidades, os respectivos percentuais da contribuição serão destinados ao referido fundo.

Essa contribuição será apreciada e definida em assembléia geral dos trabalhadores abrangidos pela negociação coletiva e não comportará oposição. O seu pagamento ou desconto será efetuado mediante a celebração do instrumento coletivo de trabalho ou "da comprovação da frustração da negociação coletiva" (art. 45, § 3º do Projeto de Lei).

Trata-se, pois, da criação de uma fonte de receita segura para as entidades sindicais, que traz consigo algumas características das contribuições a serem substituídas, vejamos:

a) A contribuição de negociação coletiva será compulsória como ocorre com a atual contribuição sindical, independentemente de ser o trabalhador associado ou não à entidade sindical;

b) A contribuição de negociação coletiva estará fundada na participação da entidade sindical na negociação coletiva, semelhante à contribuição assistencial vigente; e

c) A contribuição de negociação coletiva será destinada ao custeio da organização sindical, a exemplo da contribuição confederativa.

Note-se que mesmo que não seja celebrado o contrato coletivo de trabalho, a simples frustração da negociação, devidamente comprovada, já autorizará o desconto da referida contribuição dos salários dos trabalhadores em favor da entidade sindical.

Assim como ocorre no sistema vigente, os trabalhadores pertencentes a um determinado ramo de atividade, associados ou não, serão representados na negociação coletiva pela respectiva entidade sindical no seu âmbito de atuação, e serão obrigados a contribuir para o custeio do referido sistema organizativo sindical.

Num sistema de plena liberdade sindical coletiva e individual, em que os interessados escolhem o modelo de organização sindical e instituem livremente a sua entidade representativa, com o direito de ingressar ou se desfiliar a qualquer momento, prevalecem as contribuições voluntárias dos beneficiados dos instrumentos coletivos.

A sustentação econômica das entidades sindicais deve ser democraticamente discutida e decidida pelos interessados, originadas da vontade coletiva, não havendo espaço para contribuições obrigatórias impostas a todos os trabalhadores.

Para os empregadores a contribuição negocial também será anualmente devida e o valor não ultrapassará a 0,8% do capital social da empresa. Como previsto para os trabalhadores, a contribuição dos empregadores também será rateada, sendo 10% para as confederações, 20% para s federações, 65% para os sindicatos e 5% para o FSPS. Na ausência das entidades de grau superior, as respectivas parcelas serão repassadas ao mencionado fundo.

E) Representação dos trabalhadores nos locais de trabalho

A representação dos trabalhadores nos locais de trabalho está assegurada no projeto de reforma das relações sindicais e integrará o sistema organizativo sindical, tendo como objetivo promover o entendimento direto com a empresa.

Nos países onde prevalece a liberdade sindical, a representação dos trabalhadores nos locais de trabalho é um canal não-sindical de comunicação na empresa. Mas, quando essa representação deixa de ter propósitos de parceria de interesses comuns com a empresa e passa a atuar conflitivamente com esta, pode gerar resistências do comando empresarial, sendo entendido como uma interferência no seu poder diretivo e organizacional.[50]

Tem essa representação como fundamentos o direito de associação das pessoas, o direito de participação dos trabalhadores e o conceito social da empresa, constituindo-se como uma forma de balancear o exercício dos poderes inerentes ao empregador.

---

(50) NASCIMENTO, Amauri Mascaro. *Compêndio de direito sindical*, p. 181 e 243.

Esse tema é uma bandeira das classes trabalhadoras e um dogma para muitos empregadores no Brasil.

Note-se que a Constituição Federal de 1988, no seu art. 11, já prevê a eleição de um representante para empresas com mais de 200 empregados, para promover o entendimento direto com os empregadores.

É o denominado delegado de pessoal ou representante de pessoal. Conforme dito anteriormente, o referido texto constitucional ainda é objeto de polêmica na doutrina no que se refere a sua eficácia plena ou contida, pendente de regulamentação por legislação infraconstitucional.

As experiências existentes no País de comissões de empregados nos locais de trabalho são tão insuficientes a ponto de não haver uma prevalência de denominação para indicar esse forma de organização da representação direta de trabalhadores, sendo utilizadas expressões como "comissão de empregados", "comissão de empresa", "comissão de fábrica, entre outras.[51]

A despeito de não haver previsão legal específica no ordenamento jurídico nacional disciplinando a organização de comissões de empregados nas empresas, as comissões instaladas em algumas grandes empresas são frutos de entendimentos diretos entre trabalhadores, sindicatos e empregadores.

A representação de trabalhadores, pelo projeto, poderá conduzir diretamente a negociação coletiva na empresa, desde que o sindicato não avoque para si a direção dos entendimentos ou omita-se a esse respeito, no prazo de cinco dias antes do início do processo negocial. A celebração do instrumento coletivo caberá às entidades sindicais.

Outra atribuição conferida à representação dos trabalhadores será a de promover as tentativas de conciliação de conflitos individuais de trabalho com o empregador, a exemplo do papel exercido hoje pelas Comissões de Conciliação Prévia.

A representação será constituída de acordo com uma proporção de trabalhadores nas empresas, seguindo uma escala crescente, que vai de 1 representante para empresas com 30 a 80 trabalhadores a 6 representantes para empresas que possuam em seus quadros até

(51) BRITO FILHO, José Claudio Monteiro de. *Direito sindical*, p. 384.

1.000 trabalhadores. Acima desta quantidade, haverá mais dois representantes para cada 1.000 trabalhadores ou fração superior a 500 trabalhadores.

A Convenção n. 135 da OIT faz uma distinção entre dois tipos de representação de trabalhadores na empresa: aquela cujos membros são nomeados ou escolhidos pelos sindicatos e aquela cujos membros são escolhidos livremente pelos trabalhadores da empresa, de acordo com as disposições de leis ou regulamentos nacionais ou de acordos coletivos.

A representação não-sindical pode existir no modelo regulamentado por lei ou no modelo regulamentado pelo ajuste das partes. A Espanha e a Alemanha têm a criação das comissões de empregados regulamentada pelo Estado, já a Itália adota o modelo de ajuste coletivo. Pela proposta de reforma sindical, o Brasil terá a regulamentação estatal da representação dos trabalhadores nos locais de trabalho.

Esse tipo de representação de trabalhadores tende a preencher um espaço vazio deixado pelos sindicatos, principalmente nos sistemas de organização em que há um afastamento das entidades sindicais das bases da empresa, como é o caso da representação por categoria no atual sistema sindical brasileiro ou ramo de atividade, como propõe o projeto de reforma sindical. É apontado também como motivo para o surgimento das comissões de empregados os sistemas de organização sindical que adotam a pluralidade de sindicatos, na medida em que nestes apenas os associados estão representados, ao passo que com as comissões representam a todos os trabalhadores da empresa.(52)

As comissões de empregados e entidades sindicais podem coexistir, como a própria OIT estabelece na Convenção n. 135, devendo, para tanto, serem adotadas medidas apropriadas para assegurar que não haja o enfraquecimento da posição dos sindicatos.

Os sindicatos, por sua vez, devem aumentar a sua atuação dentro dos muros das empresas, nas suas bases, aproximando-se da realidade do dia-a-dia dos trabalhadores, se não quiserem perder espaço para as comissões de representação de trabalhadores nos locais de trabalho.

---

(52) BRITO FILHO, José Claudio Monteiro de. *Direito sindical*, p. 373.

O modelo de plena liberdade sindical da Convenção n. 87 da OIT é o mais democrático de constituição da organização sindical da escolha dos interessados. Quanto mais democrático esse processo, maior legitimidade da entidade sindical para representá-los.

F) Proteção aos representantes dos trabalhadores

Tanto os representantes sindicais, quanto os representantes dos trabalhadores nos locais de trabalho gozarão de proteção contra dispensa arbitrária ou sem justa causa a partir do registro da candidatura até um ano após o final do mandato, bem como proteção contra transferência unilateral de local de trabalho.

Trata-se de uma extensão da proteção constitucional do dirigente sindical, prevista no art. 8º, VIII, para o representante dos trabalhadores nos locais de trabalho, sem que a PEC tenha previsto essa alteração. Para os dirigentes sindicais não houve alteração da proteção já contemplada no art. 543 da CLT.

De qualquer forma, pela Convenção OIT n. 135 o Brasil assumiu a obrigação de estabelecer um sistema de proteção eficiente para os representantes dos trabalhadores na empresa contra quaisquer medidas que venham a prejudicá-los, permitindo que os mesmos possam desempenhar as suas efetivas funções como membros da comissão de empregados.

G) Condutas anti-sindicais

Há um capítulo dedicado à ação de repressão de conduta anti-sindical, assim entendida como aquela em o empregador vise a impedir ou limitar a liberdade e a atividade sindical ou o direito de greve, hipóteses em que o Poder Judiciário Trabalhista poderá ordenar que cessem os referidos comportamentos.

Também poderão ser tipificados como condutas anti-sindicais determinados comportamentos praticados pelas entidades sindicais de trabalhadores, como por exemplo, induzir o empregador a admitir ou demitir trabalhador em razão de filiação ou não a entidade sindical ou, ainda, deflagrar greve sem observar a comunicação com antecedência de 72 horas. A multa punitiva poderá chegar ao valor correspondente a quinhentas vezes o piso salarial da categoria.

As condutas anti-sindicais são comportamentos que desestimulam a sindicalização e desgastam a atuação dos sindicatos.

Mauricio Godinho Delgado[53] as classifica em três tipos: no primeiro tipo o trabalhador se compromete formalmente com o empregador em não filiar-se ao seu sindicato, para poder ser admitido e manter-se no emprego *(contratos de cães amarelos);* no segundo tipo o próprio empregador tem o controle, ainda que indireto, da organização e ações do sindicato de trabalhadores *(sindicatos amarelos* ou *sindicatos de empresa);* e no terceiro tipo os empregadores divulgam para outras empresas uma lista com nomes de trabalhadores com envolvimento e atuação no meio sindical *(lista negra).*

Essas condutas são ofensivas à liberdade sindical, ao direito de associação assegurado constitucionalmente, aos princípios do Direito Coletivo e da negociação coletiva de trabalho.

H) Negociação coletiva

A proposta de reforma enfatiza o papel do Estado na promoção no diálogo social, do fortalecimento das negociações tripartites, as quais serão conduzidas pelas centrais sindicais e pelas entidades sindicais de empregadores. Como dito anteriormente, será o sistema sindical organizado pela cúpula, representada pelas centrais sindicais de trabalhadores.

Caberá também ao Estado incentivar a negociação coletiva de trabalho para que os contratos coletivos de trabalho sejam aplicados à maior quantidade de trabalhadores e de empregadores.

Haverá a possibilidade de celebração de um contrato coletivo em nível maior, até mesmo nacional, e em níveis inferiores poderão ser celebrados outros instrumentos coletivos, lembrando a "negociação articulada" do modelo italiano.[54]

Esses contratos de nível superior poderão fixar as cláusulas que não serão modificadas em níveis inferiores. Caso o sindicato não requeira a sua exclusão do contrato coletivo maior, ficará vinculado ao mesmo.

No caso de pluralidade de sindicatos no mesmo âmbito de representação, a negociação será conduzida por comissão organizada na proporção da representatividade das entidades sindicais.

---

(53) *Direito coletivo do trabalho*, p. 44.

(54) VIANA, Márcio Túlio. "A reforma sindical, entre o consenso e o dissenso", *Revista LTr*, 68-08/935, 2004.

Muito embora os atores coletivos tenham o dever de participar da negociação coletiva nos seus âmbitos de representação, obviamente não estão obrigados a celebrar o contrato coletivo. É a regra atual da participação obrigatória dos sindicatos nas negociações coletivas, prevista no art. 8º, VI, da Constituição Federal, ampliada para os demais atores coletivos, isto é, as entidades sindicais, os empregadores e as representações de trabalhadores nos locais de trabalho.

A recusa reiterada dos atores sociais em participar do processo negocial poderá ser caracterizada como conduta anti-sindical. Nesse caso, será conferida a titularidade da negociação coletiva a outra entidade sindical do mesmo ramo de atividade ou setor econômico.

O projeto de lei utiliza a denominação contrato coletivo, para designar a instrumentalização da negociação coletiva, expressão já introduzida anteriormente em nosso ordenamento jurídico e atualmente revogada. Como não traz o projeto de lei uma denominação específica para contrato coletivo, havendo menção apenas a que pode ser celebrada no nível de empresa, ramo de atividade e setor econômico, entende-se que essa denominação abrange tanto a convenção coletiva e acordo coletivo de trabalho atuais. É a nova denominação genérica dos atuais diplomas negociais coletivos.

O contrato coletivo de trabalho terá a sua vigência máxima ampliada de dois para três anos.

Em caso de impasse na solução do conflito de interesses pela via da autocomposição, os atores coletivos poderão requerer a apreciação da lide à Justiça do Trabalho ou a órgão arbitral, desde que de comum acordo, conforme mencionamos e criticamos anteriormente.

Apesar das inúmeras críticas ao projeto de reforma sindical, há dois pontos que podem ser considerados positivos: a organização do modelo de relações sindicais baseada em conceitos de representatividade sindical e a previsão de representação dos trabalhadores nos locais de trabalho.

Por outro lado, não há como negar as contradições da apregoada proposta de modernização do atual sistema de relações do trabalho, com as disposições nitidamente restritivas da liberdade sindical e da autonomia de organização das entidades sindicais. Esse imbróglio da reforma sindical seria de fácil solução se tivessem sido adotados os preceitos contidos na Convenção OIT n. 87, com a devida ratificação da mesma pelo Brasil, ao invés desse retalho de normas com novas roupagens, mas com o mesmo conteúdo corporativista e tutelar estatal.

A democracia das relações coletivas do trabalho tem como base um sistema de organização sindical em que prevaleça o princípio da liberdade sindical e em que haja o reconhecimento da negociação coletiva, valorizando-se a autonomia privada coletiva.

4.4. FUTURO DO SINDICALISMO

O sindicalismo passa por um momento de reflexão sobre o seu futuro numa economia de mercado globalizado que vem transformando as relações de trabalho. As atuações sindicais mais tradicionais estão ficando limitadas muitas vezes à reação das iniciativas das empresas, visando a evitar perdas de benefícios adquiridos num histórico de negociações coletivas e relegando ao segundo plano as ações que envolvam novos ganhos.

Leôncio Martins Rodrigues defende a tese de que "as características gerais da sociedade pós-industrial abrem pouco espaço para a organização sindical, embora a extensão desse espaço possa ser diferente quando se avaliam sociedades específicas".[55]

Nesse sentido, a migração da sociedade industrial para a de serviços seria um fator desfavorável aos sindicatos, sem que isto signifique necessariamente a extinção do sindicalismo.

Assim, considera o autor três alternativas para a continuidade da organização sindical:

1) Novos grupos profissionais de assalariados nos setores do mercado da economia moderna, como: serviços pessoais, comunicações, lazer, atividades culturais, turismo. Mas, não há claros sinais de que esses novos segmentos profissionais estejam possibilitando o fortalecimento da atuação sindical, com a sindicalização desses grupos de trabalhadores.

2) Coexistência dos sistemas e processos produtivos de trabalho tradicionais na nova realidade de mercado. Nesse caso, os sindicatos estariam limitados à atuação em atividades produtivas mais arcaicas, sem correlação com os avanços tecnológicos.

---

(55) *Destino do sindicalismo*, p. 301.

3) Setores econômicos reorganizados, empresas modernizadas e setores da administração pública reformada. Os sindicatos representariam os grupos de empregados remanescentes nesses locais automatizados e racionalizados, uma minoria mais qualificada, com salários mais altos, com capacidade de organização e de participação da gestão das empresas. Nessa alternativa, haveria uma redução do número de filiados e conseqüentemente uma diminuição da força política nacional dos sindicatos.

Seguindo essa visão do futuro, a terceira alternativa é que poderia significar a sobrevivência do sindicalismo adaptado à nova realidade sócio-econômica.

Em relação a essa tendência de concentração da tecnologia industrial para um grupo reduzido de trabalhadores, *Luiz Carlos Robortella* afirma que "a estrutura ocupacional se polarizará entre um segmento principal, formado de profissionais de alta especialização, e outro, secundário, envolvendo a maioria, de baixa qualificação, com diferentes aspirações, necessidades, interesses e visões do mundo."(56)

Os sindicatos devem acompanhar as evoluções tecnológicas, numa postura progressiva industrial, a favor do crescimento sócio-econômico, sem deixar de defender os interesses dos trabalhadores, assegurando aos mesmos o respeito aos direitos humanos e à melhoria das condições sociais.

É certo que com o fenômeno da globalização econômica o movimento sindical teve que mudar os seus pleitos tradicionais de melhoria de condições econômicas dos trabalhadores, para reivindicações dirigidas aos aspectos sociais das relações do trabalho. A nova dinâmica social possui ingredientes como: a desterritorialização da produção, a mudança dos sistemas rígidos produtivos "fordistas" por modelos de Unidades Industriais mais flexíveis, organizadas por células de produção e descentralizadas, a fragmentação dos interesses dos trabalhadores com a diminuição do sentido de unidade e solidariedade, as modificações nas formas de contratos de trabalho, o desenvolvimento tecnológico e o desemprego. O desemprego pode ser considerado como o mais sério problema atual na área social.

---

(56) *O moderno direito do trabalho*, p. 155.

Se, por um lado, as mudanças advindas dessa mundialização da economia provocaram uma contração no movimento sindical, ao mesmo tempo trouxeram a internacionalização das relações do trabalho, diretamente relacionadas com a negociação coletiva transnacional, tendo como origem a transnacionalização das empresas, bem como a instituição de comunidades econômicas regionais. Esse novo fenômeno impulsionou o sindicalismo para novas formas de representação dos trabalhadores no âmbito multinacional.

Muito embora a transnacionalização das empresas possa minimizar as pressões dos sindicatos, na medida em que há uma maior mobilidade das unidades de produção e uma descentralização dos grupos de trabalhadores, percebe-se o deslocamento dos níveis de decisões nacionais para transnacionais, em que o ordenamento jurídico local desempenha um papel cada vez menor nas relações coletivas de trabalho, reforçando a importância da organização sindical, como parte legítima desse novo processo de negociação coletiva.(57)

Há alguns casos concretos, citados como exemplos de negociação coletiva transnacional, como a convenção coletiva referente às condições de trabalho no setor de transporte fluvial do Reno, de 1958, e a convenção coletiva internacional com o grupo econômico francês Bull, de 1988, relativa à exploração de componentes de informática.(58)

Pode-se, ainda, mencionar alguns exemplos do chamado sindicalismo internacional, como a Federação Sindical Internacional (Amsterdã, 1902), a Federação Sindical Mundial (Paris, 1945), a Conferência Internacional de Sindicatos Livres (Londres, 1949), a Confederação Internacional de Sindicatos Cristãos (La Haya, 1920), a Confederação Operária Pan-Americana (Estados Unidos, 1918), a Confederação de Trabalhadores da América Latina (México, 1938) e a Confederação Internacional de Trabalho (Lima, 1948).(59)

A negociação coletiva internacional terá eficácia apenas em relação aos associados das organizações participantes.

Entre as dificuldades para a implantação da negociação coletiva transnacional citam-se: a pouca experiência dos atores

(57) FRANCO FILHO, Georgenor de Souza. *Curso de direito coletivo do trabalho*, p. 297.

(58) *Idem*, p. 298.

(59) RUPRECHT, Alfredo J. *Relações coletivas de trabalho*, p. 76.

sociais; a recusa patronal pelo temor de uma norma coletiva internacional mais benéfica; os sindicatos pulverizados e a diversidade legislativa.

Todavia, assevera *Georgenor de Souza Franco Filho* que "é para o sindicato que levam todos os caminhos da negociação coletiva transnacional. Há que ser estimulada a criação de organizações internacionais de sindicatos para obter contratos coletivos internacionais, respeitando as diferenças regionais de cada país, mas também atendendo às características de cada região".(60)

Para o autor, devem ser permitidos pela legislação brasileira os contratos coletivos entre sindicatos e empresas transnacionais aplicáveis em mais de um país, reconhecendo, assim, esses instrumentos coletivos internacionais para aplicação interna nas relações entre empresas transnacionais e seus respectivos trabalhadores.

Esse fenômeno da internacionalização das relações coletivas do trabalho é irreversível e os sindicatos devem acompanhar essa tendência mundial e não combatê-la. Numa perspectiva de redução do poder tutelar Estatal no âmbito do Direito do Trabalho, o movimento sindical tem a responsabilidade de integrar e harmonizar as normas trabalhistas, principalmente por meio da negociação coletiva transnacional.

O crescimento das empresas multinacionais deve ser entendido pelo movimento sindical como uma oportunidade de atuação e representação dos trabalhadores, organizando-se para atender a essa nova demanda. Mesmo que na prática a negociação coletiva não se efetive num primeiro momento na celebração de contratos coletivos de trabalho transnacionais, as organizações sindicais internacionais devem assumir o seu papel atuante de interlocutores das discussões sociais mundiais.

O sindicalismo moderno deve apoiar as lutas dos trabalhadores além da fronteira nacional, num sentido de solidariedade e de fraternidade universal. Por outro lado, no âmbito interno atuará visando ao desenvolvimento sócio-econômico do país, participando das discussões com o Estado e com a sociedade em assuntos que dizem respeito aos trabalhadores e cidadãos, de uma forma geral.(61)

---

(60) *Op. cit.*, p. 305.

(61) AROUCA, José Carlos. *Repensando o sindicato*, p. 543.

CONCLUSÃO

A negociação coletiva tem se mostrado ao longo da história como o mais importante meio de solução de conflitos coletivos decorrentes da relação entre o capital e o trabalho, sendo fundamental para a preservação da paz social e para o desenvolvimento econômico industrial.

A democratização das relações do trabalho passa necessariamente pelo processo de negociação coletiva, na medida em que permite o diálogo efetivo entre a classe trabalhadora, unida e solidária em torno de interesses em comum, e os empregadores, também com interesses próprios, de forma a convergir as posições inicialmente antagônicas em consensos e entendimentos, num espírito de cooperação.

Por sua vez, para que esse meio autocompositivo tenha êxito e atinja a sua finalidade, num sentido amplo, pressupõe um sistema organizativo sindical em que haja garantia de liberdade e autonomia sindical plena, nos termos consagrados pela Convenção OIT n. 87.

E quanto maior o nível de representatividade da entidade sindical, nesse cenário de livre organização e associação, mais legítima e eficaz será a norma coletiva criada pela via negocial para regular os interesses dos seus representados.

A sindicalização compulsória imposta pelo Estado, no modelo de sindicato único, a exemplo do que ocorre no sistema sindical brasileiro, não deixa qualquer espaço para a vontade dos indivíduos em associar-se ou não, havendo grave lesão à liberdade sindical.

Em não havendo uma plena manifestação coletiva dos interessados em constituir o sindicato, este deixa de ser legítimo e representativo, apesar de oficial, por conseqüência os instrumentos coletivos celebrados não possuem a força de efetivo compromisso entre os seus associados.

De um modo geral, com o fenômeno da globalização da economia, com as taxas de desemprego crescendo, com as novas tecnologias aplicadas aos processos de produção, com os novos tipos de relação de trabalho, os sindicatos tiveram enfraquecido o seu poder de atuação, mais perceptivelmente no exercício da sua função negocial ou regulamentar, que por sua vez vem sendo prejudicada e tendo o seu conteúdo limitado a repetir conquistas do passado.

É certo que as mudanças na economia e na sociedade afetam o mundo do trabalho, alterando os paradigmas do direito do trabalho, que deve satisfazer essas novas condições sociais, econômicas e tecnológicas para acompanhar a realidade. As mudanças ocorridas, de âmbito nacional e internacional, reforçam a interdependência entre a economia e o direito do trabalho, ou seja, ao mesmo tempo que é influenciado pelos fatores econômico-sociais externos, o direito do trabalho também tem o poder de influenciar o mercado de trabalho.

Considerando que a sociedade industrial constitui a base do desenvolvimento econômico da sociedade moderna, cabe ao Direito do Trabalho disponibilizar instrumentos jurídicos que possibilitem a operacionalização do direito ao nível das empresas, seja despojando-se de normas heterônomas rígidas, de caráter extremamente protecionista, de forma a permitir a sua adaptação à realidade empresarial, seja fomentando-se a criação de regras autônomas, pela via da negociação coletiva.

O exercício da função de negociação coletiva não deve ser atribuído exclusivamente ao sindicato, mas também à representação dos trabalhadores nos locais de trabalho, notadamente com representantes não-sindicais eleitos, atuando complementar e cooperativamente com aquela entidade.

A discutida crise pela qual passa o sindicalismo está contextualizada no próprio debate acerca da crise do emprego.

As relações de trabalho do mundo moderno globalizado possuem características que não se enquadram mais no modelo tradicional de contrato de trabalho com as características de tempo integral, de lugar certo do estabelecimento da empresa e da prestação de serviços com subordinação jurídica.

Esse contexto socioeconômico traz novos elementos que repercutem direta e indiretamente nas relações de trabalho, tais como: a mobilidade dos capitais sem limitações físicas regionais, na busca do seu melhor retorno do investimento econômico empresarial; a competitividade comercial pressionando a redução dos salários e dos encargos sociais; a descentralização das atividades produtivas, por meio de terceirizações e a diminuição das estruturas hierárquicas e dos quadros de empregados, entre outros.

Há uma clara tendência de heterogeneidade das relações de trabalho, com uma maior individualização dos novos tipos de profissão e dos contratos de trabalho. Coexistem grupos de trabalhadores favorecidos, com empregos e que buscam melhores condições salariais e de trabalho, e grupos de trabalhadores marginalizados, sem empregos e que desejam a sua inclusão no mercado de trabalho formal. A diversidade de interesses é de difícil integração numa mentalidade solidária comum.

Todos esses fatores tornam mais complexa a tarefa de representatividade coletiva dos sindicatos. A diminuição da taxa de sindicalização é um sintoma desses tempos modernos da internacionalização da economia de mercado.

Essa mundialização da economia reforça a necessidade de flexibilização das normas trabalhistas, para adaptá-las em prol do desenvolvimento da atividade econômica das empresas. Entretanto, isto não deve significar a precarização dos direitos fundamentais dos trabalhadores, como visto ao longo dessa nossa obra.

Esse é mais um desafio que se coloca aos sindicatos: as normas de proteção ao trabalhador frente ao desenvolvimento econômico competitivo.

É claro que o direito do trabalho não tem por fim a simples proteção do empregado, mas a sua função social é equilibrar as partes desiguais economicamente, pela compensação de garantias jurídicas. É o ideal da justiça social.

A grande maioria das normas de proteção dos trabalhadores no Brasil é decorrente da legislação trabalhista intervencionista e corporativista estatal. Numa visão democrática, cabe aos atores sociais, por meio da liberdade de organização sindical e autonomia privada coletiva, estabelecer as suas próprias normas jurídicas protetoras. É a negociação coletiva como meio de regulação das relações de trabalho.

O excessivo protecionismo legislativo do Estado-Nação tem mais o condão de desproteger do que propriamente proteger os trabalhadores, na medida em que estabelece um pesado ônus econômico para os empregadores com as suas normas heterônomas inflexíveis e distantes da realidade das empresas.

As relações do trabalho reguladas pelo método autoritário estatal interferem negativamente na competitividade e saúde financeira das empresas, agravando ainda mais o nível de emprego na sociedade, num cenário nacional de desigualdades econômicas e sociais.

O sindicato, como interlocutor social, tem o importante papel de participar do processo de flexibilização das instituições jurídicas, para a sua adaptação às novas contingências socioeconômicas, mediante a negociação coletiva com os empresários e seus representantes.

No Estado democrático de direito a efetividade da negociação coletiva tem como pressuposto básico o modelo de plena liberdade sindical.

Entretanto, como visto, o sistema sindical brasileiro é lastreado no corporativismo, a exemplo do que ocorre também no nível do direito individual, e não atende às necessidades de representatividade autêntica para atuar como legítimo ator social no processo de entendimento coletivo.

Num país cujo desenvolvimento econômico é desigual em suas diversas regiões, a situação se agrava na medida em que não há sindicatos fortes, nascidos da manifestação espontânea dos interessados, do movimento de solidariedade e união de interesses em comum, para representá-los legitimamente junto aos empregadores, buscando o equilíbrio das condições de trabalho com o desenvolvimento econômico do capital.

A reforma sindical é a ordem do dia nos meios sindicais, diante da proposta contida no projeto de lei enviado ao Congresso Nacional em 2005. Não há dúvidas acerca da necessidade da referida reforma na legislação sindical brasileira. Em verdade o ponto crucial das críticas ao projeto de reforma é não ter proposto a implantação do regime da plena liberdade sindical, de forma a prestigiar os princípios democráticos de direito previstos pela Convenção OIT n. 87, conforme já mencionado.

É alto o preço a ser pago pela sociedade em manter um regime sindical tutelado pelo Estado.

A maioridade social não decorre de imposição legal, mas do processo de amadurecimento contínuo dos cidadãos por meio do exercício dos seus direitos sociais.

Neste novo século são grandes os desafios impostos para o movimento sindical, decorrentes dos sistemas organizativos adotados pelos países e da nova realidade da economia de mercado, de cujo êxito de superá-los depende a sua própria sobrevivência. Contudo, devem ser evitadas as posições radicais e pessimistas.

Não existem fórmulas mágicas para essas questões, tendo em vista a complexidade dos diversos fatores sociais, econômicos e ideológicos que cercam o tema.

Também não se trata de identificar um modelo sindical de sucesso em um momento e local específico e replicá-lo simplesmente para outra situação, sem levar em conta os aspectos culturais e sócio-econômicos.

Novas dinâmicas de atuação sindical e de conteúdos negociais estão sendo sinalizados, como os diálogos sociais bi ou tripartites sobre questões econômicas de âmbito nacional ou, ainda, como os novos temas de discussão sobre a seguridade social, a geração de empregos, a qualificação profissional, a discriminação, a dispensa responsável, só para citar alguns.

O sindicato, enquanto movimento espontâneo e dinâmico de integração social, deve renovar-se nesse momento de dificuldades e transição, solidificando-se no terreno da liberdade sindical plena, para buscar atingir as suas funções fundamentais de representatividade, de harmonização dos conflitos coletivos entre o capital e o trabalho e de inclusão no mercado de trabalho.

Como já dissemos, não encontramos as respostas exatas e duradouras para os dilemas do sindicato nas modernas relações de trabalho, mas podemos acreditar que o seu desaparecimento esteja longe de acontecer, pois nesse cenário de crise e de instabilidade econômica existe a possibilidade e, muito mais que isto, a oportunidade de conversão de esforços da sociedade para a sua renovação, num movimento solidário de reação e de participação atuante nas mudanças do mundo do trabalho.

E que forma melhor de diálogo social para os próprios atores regularem eficazmente as relações de trabalho que a negociação coletiva?

BIBLIOGRAFIA

ALMEIDA, Renato Rua de. "Das cláusulas normativas das convenções coletivas de trabalho: conceito, eficácia e incorporação nos contratos individuais de trabalho". *Revista LTr*. São Paulo: LTr, vol. 60, n. 12, 1602-1605, 1996.

________. "O moderno direito do trabalho e a empresa: negociação coletiva, representação dos empregados, direito à informação, participação nos lucros e regulamento interno". *Revista LTr*. São Paulo: LTr, vol. 62, n. 01, 37-41, 1998.

________. "A Pequena empresa e os novos paradigmas do direito do trabalho". *Revista LTr*. São Paulo: LTr, vol. 64, n. 10, 1249-1254, 2000.

________. "A denúncia da convenção coletiva de trabalho". *Revista LTr*. São Paulo: LTr, vol. 66, n. 05, 530-532, 2002.

________. "A teoria da empresa e a regulação da relação de emprego no contexto da empresa". *Revista LTr*. São Paulo: LTr, vol. 69, n. 05, 573-580, 2005.

AROUCA, José Carlos. *Repensando o sindicato*. São Paulo: LTr, 1998.

________. "Reforma da legislação sindical: relatório do fórum nacional do trabalho. Primeira leitura". *Revista LTr*. São Paulo: LTr, vol. 68, n. 05, 524-534, 2004.

BARROS, Cássio Mesquita. "O futuro do direito do trabalho". *Revista LTr*. São Paulo: LTr, vol. 66, n. 05, 524-529, 2002.

________. "Representatividade dos sindicatos". *Revista LTr*. São Paulo: LTr, vol. 68, n. 09, 1043-1050, 2004.

BORTOLOTTO, Rudimar Roberto. *Os aspectos da representatividade no atual direito sindical brasileiro*. São Paulo: LTr, 2001.

BRITO FILHO, José Cláudio Monteiro de. *Direito Sindical: análise do modelo brasileiro de relações coletivas de trabalho à luz do direito comparado e da doutrina da OIT: proposta de inserção da comissão de empresa*. São Paulo: LTr, 2000.

CARRION, Valentim. *Comentários à consolidação das leis do trabalho*. 28ª ed. atual., São Paulo: Saraiva, 2003.

CRIVELLI, Ericson. "A reforma sindical no Brasil e a jurisprudência da OIT em matéria de liberdade sindical". *Revista LTr*. São Paulo: LTr, vol. 68, n. 01, 07-21, 2004.

DELGADO, Mauricio Godinho. *Direito coletivo do trabalho*. São Paulo: LTr, 2001.

________. "Arbitragem, mediação e comissão de conciliação prévia no direito do trabalho brasileiro". *Revista LTr*. São Paulo: LTr, vol. 66, n. 06, 663-670, 2002.

FERNANDES, Antonio Monteiro. *Relações coletivas de trabalho: estudos em homenagem ao Min. Arnaldo Süssekind*. São Paulo: LTr, 1989.

FRANCO FILHO, Georgenor de Souza (coord.). *Curso de direito coletivo do trabalho: estudos em homenagem ao Ministro Orlando Teixeira da Costa*. São Paulo: LTr, 1998.

GIGLIO, Wagner D. "A prevalência do ajustado sobre a legislação". *Revista LTr*. São Paulo: LTr, vol. 66, n. 04, 402-405, 2002.

________. "O futuro do direito do trabalho". *Revista LTr*. São Paulo: LTr, vol. 68, n. 10, 1166-1168, 2004.

LOPES, Otávio Brito. "O poder normativo da Justiça do Trabalho após a Emenda Constitucional n. 45". *Revista LTr*. São Paulo: LTr, vol. 69, n. 02, 166-170, 2005.

MAGANO, Octavio Bueno. *Manual de direito do trabalho — Direito coletivo do trabalho*. 3ª ed. rev. atual., São Paulo: LTr, 1993, vol. III.

MANNRICH, Nelson. *A modernização do contrato de trabalho*. São Paulo: LTr, 1998.

MANUS, Pedro Paulo Teixeira. *Negociação coletiva e contrato individual do trabalho*. São Paulo: LTr, 2001.

MARTINS, Sérgio Pinto. *Direito do trabalho*. 9ª ed. rev. atual. ampl., São Paulo: Atlas, 1999.

NASCIMENTO, Amauri Mascaro. *Compêndio de direito sindical*. 2ª ed., São Paulo: LTr, 2000, e 4ª ed., São Paulo: LTr, 2005.

________. *A transição do direito do trabalho no Brasil: estudos em homenagem a Eduardo Gabriel Saad*. São Paulo: LTr, 1999.

PASTORE, José. *A evolução do trabalho humano*. São Paulo: LTr, 2001.

__________. "A reforma trabalhista na Espanha". *Jornal O Estado de São Paulo*. São Paulo: Caderno de Economia, p. b2, 30.11.04.

PAZZIANOTTO PINTO, Almir. "A contra-reforma sindical". *Jornal O Estado de São Paulo*. São Paulo: Caderno de Economia, 11.3.05.

PLÁ RODRIGUES, Américo. *Princípios de direito do trabalho*. 3ª ed. atual., trad. Wagner D. Giglio. São Paulo: LTr, 2002.

PRADO, Ney (coord.). *Direito sindical brasileiro: estudos em homenagem ao Prof. Arion Sayão Romita*. São Paulo: LTr, 1998.

RIZZATTO NUNES, Luiz Antonio. *Manual da monografia*. 3ª ed. rev. atual. ampl., São Paulo: Saraiva, 2002.

ROBORTELLA, Luiz Carlos Amorim. *O moderno direito do trabalho*. São Paulo: LTr, 1994.

RODRIGUES, Leôncio Martins. *Destino do sindicalismo*. São Paulo: Editora da Universidade de São Paulo, 1999.

RODRIGUES PINTO, José Augusto. *Direito sindical e coletivo do trabalho*. 2ª ed., São Paulo: LTr, 2002.

ROMITA, Arion Sayão. *Os direitos sociais na constituição e outros estudos*. São Paulo: LTr, 1991.

__________. "A reforma trabalhista". *Revista LTr*. São Paulo: LTr, vol. 66, n. 04, 395-401, 2002.

__________. "O princípio da proteção em xeque". *Revista LTr*. São Paulo: LTr, vol. 66, n. 06, 655-662, 2002.

RUPRECHT, Alfredo J. *Relações coletivas de trabalho*. Trad. Edilson Alkimin Cunha, Rev. Irany Ferrari. São Paulo: LTr, 1995.

SERVAIS, Jean-Michel. "Globalização, competência econômica e solidariedade: um papel renovado para os sindicatos". *Revista LTr*. São Paulo: LTr, vol. 68, n. 06, 674-684, 2004.

SILVA, De Plácido e. *Vocabulário jurídico*. Rio de Janeiro: Forense, 1982.

SÜSSEKIND, Arnaldo. *Convenções da OIT*. São Paulo: LTr, 1994.

__________. "O futuro do direito do trabalho no Brasil". *Revista LTr*. São Paulo: LTr, vol. 64, n. 10, 1231-1235, 2000.

________. "A negociação trabalhista e a lei". *Revista LTr*. São Paulo: LTr, vol. 66, n. 08, 931-934, 2002.

________. "Proposições para reforma trabalhista". *Revista LTr*. São Paulo: LTr, vol. 68, n. 05, 519-521, 2004.

________. "A negociação trabalhista e a lei". *Revista LTr*. São Paulo: LTr, vol. 69, n. 02, 135-138, 2005.

SÜSSEKIND, Arnaldo *et al*. *Instituições de Direito do Trabalho*. 20ª ed., São Paulo: LTr, 2002.

VIANA, Márcio Túlio. "A reforma sindical, entre o consenso e o dissenso". *Revista LTr*. São Paulo: LTr, vol. 68, n. 08, 931-940, 2004.

________. "A reforma sindical, entre o bem e o mal (análise dos pontos críticos do último anteprojeto)". *Revista LTr*. São Paulo: LTr, vol. 68, n. 12, 1429-1436, 2004.